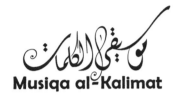

موسيقى الكلمات

Musiqa al-Kalimat

موسيقى الكلمات

Musiqa al-Kalimat

Bahaa Ed-Din Ossama

Illustrations by Hatem Arafa

The American University in Cairo Press
Cairo New York

The author and publisher are grateful to the following for permission to use material in this book: Omer Elhadi Adam Elhadi, for "Aghadan alqak" by Elhadi Adam (chapter 14); Nizar Qabani Publishing & Estate, for "Madha aqul lahu" from *al-Rasm bi-l-kalimat*, "La tas'aluni masmuhu habibi" from *Anta li*, "Qasidat al-huzn" and "As'aluka al-rahil" from *Qasa'id mutawahhisha*, copyright © 1966, 1950, 1970 by Nizar Qabani Publishing & Estate (chapters 9, 10, 11, and 12); and Mohamed al-Amin Mahmoud Hassan Ismail for "al-Nahr al-khalid" by Mahmoud Hassan Ismail (chapter 16).

Every reasonable effort has been made to contact copyright holders. We apologize and thank any authors or copyright holders who we have not been able to properly acknowledge. If a work in copyright has been inadvertently included, the copyright holder should contact the publisher.

First published in 2017 by
The American University in Cairo Press
113 Sharia Kasr el Aini, Cairo, Egypt
420 Fifth Avenue, New York, NY 10018
www.aucpress.com

Exclusive distribution outside Egypt and North America by I.B.Tauris & Co Ltd., 6 Salem Road, London, W4 2BU

Dar el Kutub No. 26927/15
ISBN 978 977 416 795 9

Dar el Kutub Cataloging-in-Publication Data

Ossama, Bahaa Ed-Din
    Musiqa al-Kalimat: Modern Standard Arabic through Popular Songs:
    Intermediate to Advanced / Bahaa Ed-Din Ossama.—Cairo: The American University in
    Cairo Press, 2017.
       p.   cm.
       ISBN 978 977 416 795 9
       1. Arabic Language Study and Teaching — Foreign Speakers
       2. Arabic Language — Songs and Music
       3. Popular Music — Study and Teaching
       354.3670962

1 2 3 4 5   21 20 19 18 17

Designed by Cherif Abdullah
Printed in the United States of America

To my dearest friend, Dominika Stawarz

Contents
المحتويات

الأغاني بالترتيب الزمني

مقدمة الكتاب

بعد الاستقبال الجيد الذي لاقاه كتابي الأول في تدريس اللغة العربيّة من خلال الأغاني المصريّة العاميّة لدى طلابي وأصدقائي الأجانب وزملائي المصريّين، وبعد ما تعاقدت على نشره مع دار نشر الجامعة الأمريكيّة بالقاهرة بعنوان "كلمة حلوة" زاد حماسي لمواصلة المشروع الذي بدأته.

على مدار عملي في تعليم اللغة العربية لغير الناطقين بها حرصت على تقديمها من خلال النّصوص الأصليّة التي يتعرض لها متحدثو العربيّة الأصليّون بشكلٍ دائم. كما درَست من قبل اللغتين اليونانيّة القديمة واللاتينيّة بجامعة القاهرة من خلال نصوص اللغتين الأصليّة، حيث كنت أدرسهما لنيل درجة الليسانس. وقد استمتعت بدراستهما لأننا كنّا ندرس نصوصًا أدبيّة وتاريخيّة حقيقيّة راقية الأسلوب، منها الملاحم ومنها المسرحيّات والأجناس الشّعريّة والنّثريّة على اختلافها، فكنا نتعرف على ثقافة وحضارة الشعبين اليوناني والروماني أثناء تعلمنا اللغتين.

وكانت الأغاني العربيّة اختياري الأول لعدّة أسباب؛ فالأغاني هي مقطوعات شعريّة منظومة بالفصحى أو العاميّة، والشّعر محببة دراسته لتمتعه بمفردات ومعانٍ رفيعة المستوى وموسيقى داخليّة تسهل استساغته وحفظه. إضافة على ذلك، الشعر الغنائي تصحبه موسيقى الآلات التي تنقل بدورها أشياء من ثقافتنا بالإضافة للشّعر نفسه. كما أن الأغاني متاحة للجميع عن طريق الميديا الحديثة (new media)، كموقع يوتيوب وغيره! يستطيع الطّالب إذن أن يستمع إلى الأغاني أي وقت شاء وفي أي مكان وُجد، وبذا تتيسّر عليه ممارسة الاستماع طوال الوقت فتتحقق الأهداف المرغوبة من دروس الكتاب. وهكذا تمثّل الأغنية وجبة لغويّة وثقافيّة دسمة سهلة المنال. غير أنّها تعد وسيلة من وسائل التّرفيه، فهي قادرة على كسر روتين الدّراسة العادية عند الطّالب والمدرّس معًا. وهذا ما خبرته بنفسي في فصول تدريس اللغة العربيّة، فهي تخلق جوًّا منعشًا أثناء عملية التّدريس، ونتائج التّدريس من خلالها إيجابية من حيث مدّ الطّالب بمفردات جديدة وشرح قواعد

نحويّة جديدة أو تكرار التّعرّض للمفردات وتطبيق قواعد نحويّة معروفة للطّالب.

لهذه الأسباب عمدت لتدريس نصوص عربيّة أصليّة لا سيّما الأغاني منها. وها أنا أقدّم كتابي الثّاني في مشروعي المذكور، كتاب أغاني الفصحى، وقد قسّمت الكتاب على عشرين فصلاً يتناول كل منها قصيدة مغناة ويحتوي على نصّ القصيدة، ومفردات القصيدة بالكامل ومعانيها باللغة الإنجليزيّة، والتّعليق الذي يشمل شرح النّصّ وذكر بعض الملاحظات المهمّة، ثم تدريبات على استخدام أهمّ المفردات والقواعد التي وردت في القصيدة.

وبعد العشرين فصلاً أضفت عدّة ملاحق رأيتها مفيدة للطّالب والمدرّس أثناء الدّرس، فتوجد ترجمة إنجليزيّة للقصائد المذكورة، وسيرة ذاتيّة لمؤلفي وملحني ومؤديي الأغاني، وقائمة بأفعال الوزن الأول (first form) الواردة في القصائد وفقاً لترتيب القصائد في الكتاب، بالإضافة إلى قائمة بكافة المراجع التي اعتمدت عليها.

وفي اختياري لقصائد الكتاب توخّيت تنوّع موضوعات القصائد ورقي أسلوبها وأهميتها في الواقع الثّقافيّ والشّعبيّ العربيّ، فمعظم الأغاني المختارة—إن لم يكن كلها—معروفة للعرب من أقصى الشّرق إلى أقصى الغرب العربيّين. فهنا وعلى خلاف كتاب "كلمة حلوة" ذي الأغاني المصريّة العاميّة نجد الشّعراء والملحنين والمطربين المنتمين لثقافات قوميّة مختلفة ولكنهم يشتركون في الثّقافة العربيّة الموحّدة، فمنهم المصريّ ومنهم اللبنانيّ والسّوريّ والعراقيّ والسّودانيّ وحتى الباكستانيّ الذي يشارك أبناء الوطن العربيّ الدّين والثّقافة بصرف النّظر عن اللغة.

وكما ذكرت فقد حاولت أن يضمّ الكتاب باقة من أجمل القصائد مختلفة الموضوعات ومتنوّعة المذاهب الأدبيّة، ليكون بمثابة مختارات (anthology) شعرية مشوّقة لا تبعث على الملل. فنجد فيه القصيدة الرّومانسيّة والقصيدة الوطنيّة والقصيدة الدّينيّة والقصيدة الصّوفيّة والموشّحات وأغنية حوارية، ونقابل فيه شخصيّات أدبيّة عربيّة مشهورة، قديمة وحديثة، مثل أبي فراس الحمدانيّ والحسين بن منصور الحلّاج وزرياب ومحمد إقبال وجبران خليل جبران ونزار قباني والأخوين رحباني وغيرهم، فنتعرف على فكرهم وأثرهم في الأدب العربيّ. ونستمتع بموسيقى أشهر الملحنين العرب مثل محمد عبد الوهاب ورياض السّنباطيّ والأخوين رحباني وعمر خيرت وغيرهم، ونطرب بصوت ألمع المطربين العرب كأم

كلثوم ومحمد عبد الوهاب وفيروز وعبد الحليم حافظ وربما خشيش، وندرس المذاهب الرّومانسيّة والوجدانيّة التأمليّة والصّوفية في الأدب العربيّ.

أتمنّى أن يستمتع الطّالب والمدرّس أثناء تدارسهما قصائد هذا الكتاب، وأن ينهي الطّالب الكتاب وقد تعرّف على أشهر شعرائنا ومطربينا وموسيقيّينا وكذلك ملامح ثقافتنا وهضمها، وقد أثرى مفرداته العربيّة وعمّق فهمه لقواعد اللغة النّحويّة وعايش أساليب شعرها الراقية وآلف موسيقانا الكلاسيكيّة والحديثة. وإن تم كل ذلك تكون أهداف إعداد الكتاب قد تحقّقت وتكون أحلامي قد غدت حقيقة، وإن لم يتم فالتّقصير من عندي، فالإنسان يأمل ويتمنّى ويسعى ولكنه لا يملك التّوفيق.

قبل الختام أحبّ أن أشكر الأستاذ نيل هيوسن R. Neil Hewison نائب المدير بدار نشر الجامعة الأمريكية بالقاهرة على ترحيبه بفكرة الكتاب ومجهوده في كل ما يخص نشر الكتاب. وأشكر أيضًا الأستاذة آية صبري محررة الكتاب لاقتراحاتها النافعة والتعديلات المفيدة التي أجرتها عليه، وكذلك الأستاذ شريف عبد الله مصمم الكتاب لمحاولاته المبذولة لإخراج الكتاب على أكمل وجه.

Introduction

The songs in *Musiqa al-Kalimat* have been chosen for many reasons. First, they are based on poetry that can be easily memorized and provide for interesting study because of their internal music and meaning. Second, in addition to the poetry itself, the songs are accompanied by instrumental music that embodies the Arab culture. Third, modern technology has made this music increasingly accessible, so students can easily listen to these songs to improve their listening comprehension skills.

The poems that make up the lyrics of the selected songs differ widely with regard to their subjects and literary schools, so as to show the most important features of Arabic literature. There are examples of romantic, religious, patriotic, Sufi, and contemplative poems, giving students the opportunity to get to know different trends in Arabic literature.

Through this book, students will be able to widen their vocabulary and deepen their understanding of grammar. They will also become acquainted with important cultural figures from the region.

The book is divided into twenty units, each focusing on a different song. At the beginning of each unit the song lyrics are presented, followed by the vocabulary. An explanation of the song's historical context and importance is provided, together with an explanation of any lyrics students may find especially challenging. At the end of the unit there are exercises focusing on the new vocabulary and the grammatical rules.

Musiqa al-Kalimat is designed for both self-study and classroom use. The songs are arranged in order of difficulty, but a chronological list of the songs is also provided to show the evolution of music in the region. The textbook can be studied in order, or units can be studied individually. At the end of the book there are English translations for reference and a list of the verbs used in the songs in the first form, along with the biographies of the mentioned singers, musicians, and poets. Links to the songs on YouTube are also provided, so that students can listen to the songs as they study them.

١

لا تَلُمْنِي

You Tube

١
لا تَلُمْني
١٩٥٥

كلمات: محمد علي أحمد - ألحان: كمال الطّويل - غناء: عبد الحليم حافظ

إنْ أَتَيْتُ الرَّوْضَ يَوْمًا لا تَلُمْني فَمِن العِطْرِ انْتَشَيْت
إنْ جَنَيْتُ الوَرْد عَفْوًا لا تَلُمْني فَعَلى الشَّوْكِ مَشَيْت
لا تَلُمْني ... لا تَلُمْني
إنْ مَلأْتُ الأُفْقَ شَدْوًا لا تَلُمْني في فَمي لَحْن الوَفاء
أو عَشِقْتُ البَدْرَ يَوْمًا لا تَلُمْني فَأَنا أَهْوى الضِّياء
لا تَلُمْني ... لا تَلُمْني
أَنا لِلْأَقْدارِ عَبْدٌ لا تَلُمْني كَيْفَ سارَتْ بي حَياتي
جِئْتُ مِن طينٍ وَلَكِنْ لا تَلُمْني فَمِن الأَضْواءِ ذاتي

المفردات

to come	أَتى، يَأْتي، إِتْيان
garden	رَوْضة ج. رَوْض، رِياض
one day	يَوْمًا
to blame	لامَ، يَلومُ، لَوْم
scent	عِطْر ج. عُطور
to be intoxicated	اِنْتَشى، يَنْتَشي، اِنْتِشاء
to pick, gather, harvest	جَنى، يَجْني، جَنْي
rose	وَرْدة ج. وَرْد، وَرْدات، وُرود
pardon	عَفْوًا
thorn, spike, prick	شَوْكة ج. شَوْك، أَشْواك
to walk	مشى، يمشي، مشي
to fill	مَلأَ، يَمْلأُ، مَلْء
horizon	أُفْق، أُفُق ج. آفاق
singing, chanting	شَدْو
mouth	فَم ج. أَفْمام
melody	لَحْن ج. أَلْحان
faithfulness	وَفاء
to passionately love, adore	عَشِقَ، يَعْشَقُ، عِشْق
to like, love	هَوِيَ، يَهْوى، هَوى
light	ضِياء
fate	قَدَر ج. أَقْدار

worshipper	عَبْد ج. عباد
how	كَيْفَ
to go, proceed	سار، يَسيرُ، سَير
life	حَياة ج. حَيوات
to come	جاء، يَجيءُ، مَجيء
light	ضَوْء ج. أَضْواء
essence, self	ذات

التعليق

غنّى عبد الحليم حافظ هذه القصيدة في فيلم "لحن الوفاء" بطولته هو وشادية وحسين رياض، قصّة وسيناريو وحوار محمد مصطفى سامي، وإخراج إبراهيم عمارة، ومن إنتاج عام ١٩٥٥. ولكن موضوع القصيدة لا يتعلق تمامًا بقصّة الفيلم، لذا سنتناول شرح القصيدة بعيدًا عن سياق أحداث الفيلم.

تتكون القصيدة من ستّة أبيات فقط تتخلّلها جملة "لا تلمني" التّي هي عنوان القصيدة. أول أربعة أبيات منها عبارة عن جمل شرطيّة مكتملة الأركان، فيها أداة الشّرط وهي "إنْ" وأفعال الشّرط وهي "أتيت، جنيت، ملأت، عشقت،" وجواب الشّرط في كل الجمل هو جملة "لا تلمني." وآخر بيتان هما جملتان خبريّتان وجملتان إنشائيّتان تبدآن بفعل النّهي "لا تلمني" موضوع القصيدة. توحد القافية والوزن كل بيتين من أبيات القصيدة، فنجد "انتشيت" و"مشيت" في أول بيتين، و"الوفاء" و"الضياء" في البيتين التاليين، و"حياتي" و"ذاتي" في آخر بيتين. لذا فالقصيدة من حيث البناء بسيطة وجديدة في ذات الوقت، فأسلوب الشّعر العربي القديم يعتمد على وحدة القافية في القصيدة كلها والبيت ذي الشّطرين كما سنرى في بعض القصائد اللاحقة في الكتاب.

يخاطب الشاعر شخصًا لا يحدده، قد يكون صديق أو حبيبة أو النّاس عامة، ويطلب منه ألّا يلومه إذا أتى بالأفعال المذكورة في النّص، وكلها أفعال مرتبطة بالطّبيعة توضّح أن هذا الشّاعر صديق أو أسير الطّبيعة. فهو يقول له إن ذهبتُ للحدائق يومًا لا تلمني فلقد استمتعتُ بعطر الورود وانتشيتُ بعبيرها هناك، وكأنّه يقول لا تلمني أنني هربتُ

من المجتمع وضجيجه والمدينة وزحامها والحياة اليوميّة ومللها، فلقد نويتُ اللجوء إلى الطّبيعة والارتماء في أحضانها. وربما يعيش الشّاعر حالة حبّ جعلته يرتاد الرياض رغبة في الهدوء والاستمتاع بالمناظر الجميلة هناك. ويؤكد ذلك انغماسه في الاستمتاع بمشاهدة ورد الحديقة حتى إنه بدأ في قطفه لشدّة ولعه به، ويطلب ألّا يلومه ذلك الشّخص على ذلك فلقد عانى أثناء ذلك بأنه مشى على الشّوك. ويواصل شدوه وإشادته بنعيم الطّبيعة ويقول إن استمررتُ في الغناء وملأتُ الأفق به لا تلمني، فذلك لأن فمه مفعم بلحن الوفاء وكأن قلبه قد امتلأ بالنّشوة وعاطفة الحب حتى أفاض وخرج شعوره على لسانه شدوًا. ولا ندري بالضّبط الوفاء الذي يخبرنا به، أهو وفاء لحبيبة أم وفاء للطّبيعة، وعاطفة الحب التي تبدو أنّها تملأ فؤاده، أهو حبّ لحبيبة معينة أم حبّ للطّبيعة التي يتغنّى بها، ولكن يبدو أنه كل ذلك. ويحدثنا عن عشقه للبدر ويطلب من مخاطَبه ألّا يلومه على هذا الأمر فهذا لأنه يهوى الضّياء، وربما يرمز البدر هنا لحبيبته. ويبدو استسلام الشّاعر للقدر إلى درجة تصريحه إنه "للأقدار عبد" ويطلب ألا يُلام على مصير حياته فقد كان مستسلمًا للقدر من البداية. ويعلم الشّاعر مدى وضاعة أصله كإنسان جاء من طين، ولكنه يعلم جيدًا أيضًا رُقِي ذاته التي جاءت من النّور، لذا يطلب ألا يُلام على وضاعة أصله الجسديّ الماديّ فذاته نبيلة وعظيمة وأصلها نبيل وعظيم.

إذن توضح لنا القصيدة أن الشّاعر يعيش حالة عاطفيّة ما، ربما هي حالة حب لامرأة أو حالة افتتان بالطّبيعة. في كلتا الحالتين تغلب الرّومانسيّة على القصيدة من حيث الكلمات التي تتضمنها والأفكار والصّور التي تثيرها.

والقصيدة تنتمي إلى المذهب الرّومانسيّ في الأدب، فإذا كانت العناصر الرئيسيّة في المضمون الرّومانسيّ هي الوصف العاشق لجمال المناظر الطّبيعيّة واحترام كيان الإنسان في حد ذاته، وإطلاق قوى العقل الباطن بكل شطحاته، وارتياد الأماكن التي تثير في الإنسان أغرب الإحساسات، والاندماج في عناصر الطّبيعة وأهمها الذاتيّة والفرديّة، فإننا نجد كل ذلك جليًا في القصيدة. فأغلب أفعال القصيدة تعبّر عن المتكلّم، وحتى فعل النّهي "لا تلمني" ينتهي بضمير المتكلم في حالة المفعول */ي/*. وكثير من كلمات القصيدة يعبّر عن موجودات الطّبيعة، مثل روض وعطر وورد وشوك وأفق وبدر وضياء وطين، ويتجلّى احترام الشّاعر لكيانه كإنسان في تعبيره "جئت من طين ولكن لا تلمني فمن الأضواء ذاتي."

وإذا كان من أشهر شعراء الرّومانسيّة في الأدب العربي اللبنانيان بشارة الخوري (الأخطل الصّغير) وخليل مطران مؤسسا هذه المدرسة، وكذلك شعراء المهجر الأمريكي

وأبرزهم جبران خليل جبران، وإبراهيم ناجي وعباس العقاد وإبراهيم عبد القادر المازني وزكي أبو شادي وعلي محمود طه من مصر، وأبو القاسم الشابي من تونس، وليس من بينهم شاعرنا محمد علي أحمد، إلا أن قصيدته تتبع ذلك المذهب في الهروب من رتابة الحياة اليومية في المجتمع إلى الطّبيعة.

ملاحظات

لا تلمني: أصلها "لا تلومني" وحُذفت الواو لمنع التقاء الساكنين (أي حرفين يحملان السّكون)، وقد تم جزم الفعل المضارع "تلمْني" لأنه فعل نهي مسبوق بأداة النهي "لا."

إن أتيت الروض يومًا لا تلمني فمن العطر انتشيت: جملة شرط تتكون من أداة الشّرط "إن" وفعل الشّرط الماضي "أتيت" وجواب الشّرط هو فعل النهي "لا تلمني،" ومن المعروف أن أدوات الشّرط مثل "إن" و"إذا" و"لو" تجعل زمن الشرط وجوابه مستقبلًا حتى لو كان الفعلان ماضيين. وفي اللغة العربيّة يمكن وضع فعل الشّرط أو جوابه في زمن الماضي أو المضارع المجزوم، وجواب الشّرط يمكن التّعبير عنه بأسلوب الأمر أو النهي، ويجوز وضع جواب الشّرط في زمن المستقبل مسبوق بـ (ف). مثل: إن تشاهد الأفلام الأمريكيّة فستتحدّث الإنجليزيّة بطلاقة.

والفاء في "فمن العطر" فهي سببية أي توضح السبب ويمكن حذفها ووضع "لأني" محلها. و"انتشيت" ساكنة الآخر (أي لا يحمل الحرف الأخير بها حركة) لأنها آخر كلمة في البيت والشاعر أو المغني يقف عندها. وفي اللغة العربية يقف المتكلم على ساكن وليس على متحرك. فلا يصح أن نقول "جاءَ المعلمُ" بل "جاءَ المعلمْ" بتسكين الحرف الأخير.

التدريبات

١- أسئلة الفهم والاستيعاب:

أ لماذا يطلب الشّاعر من محدثه ألّا يلومه على أفعاله المذكورة؟

ب هل أسبابه مُقنعة في رأيك؟

ت اشرح البيت التّالي: "جئت من طين ولكن لا تلمني فمن الأضواء ذاتي."

ث في رأيك يحدّث الشّاعر رجلًا أم امرأة؟ ولماذا؟

٢- أكمل الجمل الآتية بكلمات من عندك:

أ ما أجمل عطر .... في شرفة منزلك!

ب ذكرت الأديان السماويّة الثّلاثة أن الإنسان خُلق من ....

ت الليلة هي الرّابعة عشر من شهر محرّم و............ منظره رائع في السّماء.

ث .... هو إرادة الله التي تتحقق بالضّرورة.

ج لِما تجلسين في الظّلام و............ الشّمس يعمّ الأرض؟

٣- اختر الإجابة الصحيحة من بين الأقواس:

أ لقد جعلت فناء بيتي ....

(مدرسة – روضة – طينًا)

ب كل الموسيقى الغربيّة تعجبني و............ على الأخصّ الموسيقى الإيطالية القديمة.

(أكره – أهوى – أعرف)

ت إن .... العربية في بلد عربيّ تحدّثتها جيدًا.

(ستتعلّم – تعلّمت – تعلّم)

ث إن .... غدًا أعطِك الكتاب الذي تريده.

(سأقابلك – قابلتك – سنتقابل)

ج لقد ملأت الكوب ....

(ماءً – ماءٍ – ماءٌ)

٤- صِل الكلمة بعكسها:

عبد	ذهب
ملأ	ظلام
أتى	كره
ضياء	سيد
عشق	فرّغ
وفاء	غدر

٥- صحّح الكلمات التي تحتها خط في الجمل الآتية:

أ توقف المذيع فجأة أثناء عرضه الأخبار ثم قال "شكرًا" وواصل.

ب يشتهر الثّعلب بالمكر والكلب بالخيانة.

ت إن ستتوقّف عن ممارسة اللغة نسيتها.

ث لقد نسيت متى كنت أربط ربطة العنق.

ج من مشى على الرّمل جُرِحَت قدماه.

٦- استخرج من النّصّ:

٨ أفعال ماضية – ٣ جمل شرطيّة – مصدرين – أسلوب نهي – كلمات على نفس الوزن

٧- ضَع الكلمات الآتية في جمل من عندك:

انتشى – لحن – لام – وفاء – أقدار – ضياء

٨- ناقش المدرس في رأيك في اختيار الشّاعر لمفردات قصيدته ومدى
ملائمتها لموضوعها.

٢

يا غريبَ الدارِ

YouTube

٢

يا غريبَ الدارِ

١٩٧٧

كلمات وألحان وغناء: فؤاد عبد المجيد

يا غَريبَ الدّارِ بِأَفْكاري

كَمْ تَخْطُرُ لَيْلًا وَنَهارًا

أَدْعوكَ لِتَأْتي بِأَسْحاري

بِجَمالٍ فاقَ الأَقْمار

الثَّغْرُ يُغَنّي وَيُمَنّي

وَالطَّرْفُ كَحيلٌ بَتّار

وَالقَلْبُ أَسيرٌ هَيْمانُ

ما بَيْنَ بُحورِ الأَشْعار

المفردات

غَريب ج. غُرَباء، أَغْراب	stranger
دار ج. دور، دِيار	house
فِكْرة ج. أَفْكار	thought, idea
خَطَرَ، يَخْطُرُ، خُطور	to occur, to cross someone's mind
ليل	night
نَهار	daytime
دَعا، يَدْعو، دُعَاء/دَعْوة	to pray, call, invite
أَتى، يَأْتي، إتْيان	to come
سَحَر ج. أَسْحار	before dawn, twilight
جَمال	beauty
فاق، يَفوق، فُوَاق	to surpass
قَمَر ج. أَقْمار	moon
ثَغْر ج. ثُغور	mouth
غَنّى، يُغَنّي، غِناء	to sing
مَنّى، يُمَنّي، تَّمْنِية	to raise hopes, promise
طَرْف	eye
كَحيل/ة ج. كَحائِل	darkened with kohl
بَتّار/ة	sharp, cutting
قَلْب ج. قُلوب	heart
أَسير/ة ج. أَسْرى، أُسَراء	captive

هَيْمان/هَيمى ج. هِيام	roaming, passionately in love
بَين	between
بَحْر ج. بُحور، بِحار	meter (poetic pattern)
شِعْر ج. أَشْعار	poetry
كَمْ	how often

التعليق

غنّى فؤاد عبد المجيد هذا الموشّح لاستعراض غنائيّ راقص من كلماته وألحانه، وكان توزيع وقيادة الأوركسترا للمايسترو عبد الحليم نويرة (مؤسس فرقة الموسيقى العربيّة) وتصميم الرقصات لمحمود رضا وتصميم الأزياء والرّقص لفريدة فهمي عام **١٩٧٧**. وهكذا كان إخراج هذا العمل للجمهور ثمرة التّعاون بين فؤاد عبد المجيد وفرقة رضا المصريّة المعروفة.

وهذه القصيدة تنتمي لفن الموشحات العربيّة الذي ابتكره الشّعراء العرب في الأندلس، وهو نوع من الشعر استحدثه الأندلسيون على أشكال مختلفة متنوّعة القوافي. وتسمى القصيدة الجارية على هذا النظام "موشّح" أو "موشّحة" لما فيها من زخرفة، فتوشيح تعني ترصيع أو تزيين، والموشّحات تقوم على ترصيع أبياتها بفنون صناعة النّظم المختلفة من تقابل وتناظر واستعراض أوزان وقوافٍ جديدة تكسر ملل القصائد التقليديّة. وتبع ذلك أن تلحينها جاء أيضًا مغايرًا لتلحين القصيدة، فاللحن ينطوي على تغيرات الهدف منها الإكثار من التّشكيل والتّلوين. ويمكن تلحين الموشحات على أي وزن موسيقي، لكن عُرِفَت لها موازين خاصة غير معتادة في القصائد والأشكال الأخرى.

والغزل هو الشّائع بين أغراض شعر الموشّح، لكن هناك أغراض أخرى تعرّض لها من بينها الوصف والمدح والذّكريات والزّهد. وغرض موشّحنا هذا الغزل.

والموشّح هو أبسط قوالب الغناء العربي وأسهلها، ويتكون من ثلاثة أقسام: القسم الأول يسمى "بدنيّة الموشّح" أي جسمه الرّئيسي، ويتكرر لحن البدنيّة مرتين، قبل أن يتم الانتقال إلى "خانة" (أي كوبليه (couplet) بلحن مختلف عن لحن البدنية)، ثم تأتي "القفلة" بالعودة إلى لحن البدنيّة. أي أن الشّكل التّقليدي للموشّح من حيث اللحن هو أ/أ/ب/أ (بدنيّة/بدنيّة/خانة/قفلة بلحن البدنيّة). ومن هذا الشّكل يتضح أن الموشّح يركز

على مقام ولحن أساسيّ (تُقال به البدنيّات والقفلة). لذلك كان يؤدّى عادة في بداية الوصلة الغنائيّة، "لِيُسخِّنَ" المغني ويُسلطن المقام في ذهنه ووجدانه، قبل أن ينتقل المطرب بعد ذلك لأداء الطّقطوقة ثم الدّور من نفس المقام لاحقًا. في حالة هذا الموشّح، نستمع أولًا إلى البدنية (بيت: يا غريب الدار بأفكاري) ثم تكرار لنفس لحنها في بيت (الثّغر يُغنّي ويُمنّي)، ويلي كل بيت ليالٍ (يا لالالا يا لالالا يا لي) فاتنة من نفس المقام. بعد ذلك تأتي "الخانة" (وهي نفس بيت "الثّغر يغنّي ويمنّي،" الذي يقال لأول مرة بصفته البدنيّة الثانية، ثم يُؤَدّى مرة ثانية بلحن آخر بصفته الخانة).

الشّاعر في هذا الموشّح يخاطب شخصًا قد يكون امرأة أو فتاة ويصفه بـ"غريب الدّار،" أي الغريب البعيد عن أهله ووطنه. ويقول له إنه يخطر كثيرًا بعقله طوال الوقت ليلًا ونهارًا، ويدعوه ليحضر إلى عالمه من آخر الليل حتى الفجر فهذا العالم في هذا الوقت يفوق الأقمار جمالًا. ونظنّ أن "غريب الدّار" هذا امرأة شاعرة أو مغنيّة جميلة حسنة الملامح، حيث يقول إن فمها يغني ويوحي بالأماني وعينها المزينة بالكحل جميلة وحادة، ولعل قلبه أو قلبها أو قلبهما معًا قد وقع أسيرًا في حالة حبّ ونشوة مستمتعًا بسماع الأشعار الجميلة.

وفي الواقع فإن هذا الموشّح شديد الإيجاز يلخص الفكرة أكثر مما يبسطها، في حين أنه بذلك يوحي بمعانٍ كثيرة مختلفة. ولكنه بالتأكيد دعوة للاستمتاع بسحر الأشعار والغناء الذي بجّله العرب وقدّروه منذ زمن الجاهليّة، حيث بدأ أدبهم شعرًا كباقي الأمم ولكنهم اعتبروا أنفسهم أشعر الشّعراء، أي أفضل من قدم شعرًا إلى العالم. لذلك نجد أشعارًا وأغاني كثيرة موضوعها أو أحد مضامينها توجيه الدّعوة إلى أحد الأشخاص للإتيان والاستمتاع بسماع الشّعر والغناء في الخلاء أو تحت ضوء القمر ليلًا. ونجد صدى هذه الفكرة المُحببة للعرب في أغنية فيروز الشّهيرة "اسهار بعد اسهار" حيث تنشدنا من كلمات الأخوين رحباني وبالعاميّة الشّاميّة في دعوة منها لحبيبها للسّهر وعدم العودة إلى بيته في الليل:

وعندنا القمر بالدار وورد وحكي وأشعار
بس اسهار . . . بس اسهار
بيتك بعيد والليل ما بيخليك ترجع، أحق الناس نحنا فيك
[. . .]

ما دام إنك هون يا حلم ملو الكون
شو هم ليل وطار؟ وينقص العمر نهار بس اسهار

وسنعود إلى هذا الموضوع مرة ثانية في آخر أغنية من أغاني الكتاب من غناء فيروز أيضًا.

ملاحظات

يا غريبَ الدار: نُصبت "غريب" بالفتحة لأنها منادى مضاف مفرد، و"دار" مجرورة بالكسرة لأنها مضاف إليه مفرد. إذن كل منادى مضاف تكون علامته الإعرابية النصب، مثل: يا مصباحَ العلم، يا نهرَ مصر، يا جامعي الورد.

ليلًا ونهارًا: منصوبتان لأنهما ظرف زمان. وينطق التنوين في "ليلا" ولا ينطق في "نهارًا" لأن الأخيرة تقع آخر كلمة في البيت، وفي اللغة العربية لا نقف على تنوين إنّما يُخفف التنوين بنطق حركة قصيرة فنقرأ الكلمتين هكذا "لَيْلَن ونهارَ".

القلب أسيرٌ هيمان: تُنون "أسير" لأنها صفة (adj.) مصرفة ولا تُنون "هيمان" لأنها صفة ممنوعة من الصرف لانتهائها بالمقطع /ان/.

ما بين بحور الأشعار: قد يكون المقصود بـ "بحور" هنا البحر الشّعري أي العروض وأوزان الشّعر المختلفة، أو "بحور الأشعار" أي الأشعار الكثيرة على اختلاف أنواعها، فشبّه الشّاعر كثرتها وتنوّعها بالبحور لأنها "بحر،" ما يدل على الوفرة.

التدريبات

١- **أسئلة الفهم والاستيعاب:**

أ   ماذا يفيد بيت "كم تخطر ليلًا ونهارًا" في القصيدة؟

ب   في رأيك ما هي الأسحار التي يدعو الشّاعر محدّثه لها؟

ت   هل في لغتك الأم قصيدة يتشابه موضوعها مع موضوع هذه القصيدة؟

٢- **أكمل الجمل الآتية بكلمات من عندك:**

أ   أشعر أني _____ في هذه المدينة فأنا لا أعرف أحدًا فيها.

ب   لم _____ ببالي قط أنك ستأتين اليوم إلى بيتي.

ت   _____ الشّعري هو الوزن الذي نظمت فيه القصيدة.

ث   كانت نتيجة المعركة غير متوقعة ووقع قائدهم _____ في أيدينا.

ج   يدور حول كوكب المشترى عدد من _____ .

٣- **اختر الإجابة الصحيحة من بين الأقواس:**

أ   تسمى الجنة في الإسلام _____ السلام.

(دار – بيت – منزل)

ب   كان _____ الفتاة التي رأيتها أمس صغيرًا وجميلًا.

(رأس – ثغر – عين)

ت   هذا السّيف حاد و _____ .

(بتّار – أسير – هيمان)

ث   فينوس ربّات الرّومان جمالًا _____ .

(تمنّت – فاقت – دعت)

ج أعددت حفلًا كبيرًا و________ كل أصدقائي إليه.

(ودعت – عوّدت – دعوت)

٤- صل الكلمة بعكسها:

غريب	يأّس
منّى	طرد
دعا	ذهب
جمال	مألوف
أتى	قبح

٥- صحّح الكلمات التي تحتها خط في الجمل الآتية:

أ اليوم مثّل المطرب أغانٍ جديدة نسمعها لأول مرة.

ب يدور الشّمس حول الأرض.

ت الديوان هو كتاب مليء بالمسرحيات.

ث ظللت أدرس طوال الليل والصّباح.

ج إنه لأمر مؤلم أن يشعر الإنسان أنه معروف في وطنه.

٦- استخرج من النّصّ:

٣ أسماء لأعضاء جسم الإنسان – ٥ صفات – ٤ أفعال مضارعة – فعل ماضٍ

٧- ضع الكلمات الآتية في جمل من عندك:

كحيل – دار – فاق – أشعار – أسحار

٨- ناقش المدرّس في رأيك في معنى القصيدة والأغنية ولحنها.

٣

حرّم النوم

٣

حرّم النوم

٢٠٠٩

كلمات وألحان: فؤاد عبد المجيد - غناء: ريما خشيش

حَرَّمَ النَّوْمَ عَلَيْنا وَغَفا

وَرَمانا في هَواه ثُمَّ جَفا

يا غَزالًا، زادَ حُسْنُكَ يا رَشا

كُفَّ سَيفَ اللَّحاظِ أَوْ كُنْ رائِفًا

في وِدادي لَكَ بِالشَّوْقِ الَّذي

في فُؤادي لا تَدَعْني لِلْجَوى

لَسْتُ أَرْضى عَن زَماني ما خَلا

ما سَقانا كاسُهُ حُلْوُ الصَّفا

المفردات

to forbid	حَرَّمَ، يُحَرِّمُ، تَحْريم
to sleep	نامَ، يَنامُ، نَوْم
to slumber, fall asleep	غَفا، يَغْفو، غَفْو/غُفُو
to throw	رَمى، يَرْمي، رَمْي
love	هَوى
then	ثُمَّ
to be disaffected, treat harshly	جَفا، يَجْفو، جَفْو/جَفاء
gazelle	غَزال ج. غِزْلان
to increase	زادَ، يَزيدُ، زيادة
beauty	حُسْن
young gazelle	رَشا
to cease, stop	كَفَّ، يَكُفُّ، كَفّ
sword	سَيْف ج. سُيوف
look, glance	لَحْظ ج. لِحاظ
merciful	رائف/ة
affinity, amiability	وِداد
longing, yearning	شَوْق ج. أشواق
heart	فُؤاد ج. أَفْئِدة
to let, leave something	وَدَعَ، يَدَعُ، وَدْع
ardent love	جَوى

not	لَيْسَ
to accept, be satisfied, be content	رَضِيَ، يَرْضى، رِضا
time	زَمان ج. أَزْمِنة
except	ما خَلا
to water	سَقى، يَسْقي، سَقْي
sweet, beautiful	حُلْو
serenity	صَفا

التعليق

كنا قد تحدّثنا عن فن الموشحات في سياق تعليقنا على موشّح "يا غريب الدّار،" وها هو موشّح آخر من كلمات وألحان فؤاد عبد المجيد، قامت بغنائه المطربة الشّابة ريما خشيش ضمن أغاني ألبوم "فلك" عام ٢٠٠٩.

يتناول الشّاعر في هذا الموشح موضوعًا شائع الظّهور في القصائد العربيّة العاطفيّة، وهو هجر أو جفاء المعشوق لعاشقه، بكلمات سهلة وبسيطة دون إطالة أو استغراق في مشاعر عميقة مركبة. فالأفكار في القصيدة واضحة تخلو من أي غموض، حيث يشكو الشّاعر إغراق معشوقته له في حبّها حتى طار النّوم من عينيه من القلق والتّفكير، بينما نامت هي، مما يدل على عدم اهتمامها به، ويؤكد هذا المعنى بيت "ورمانا في هواه ثم جفا." وكعادة فؤاد عبد المجيد في موشحاته يشبه حبيبته بالغزال ويطلب منها ألا تدعه في حزنه ولوعة حبه. ويعلن في آخر بيتين أنه لا يرضى عن حياته إلا فترة وصله بحبيبته.

نجد بعض من المفردات المميزة لموشحات فؤاد عبد المجيد في هذه القصيدة، مثل "غزال" و"رشا" و"لحاظ،" وبعض التّعبيرات مثل "كف سيف اللحاظ" و"ما سقانا كاسه حلو الصفا." فحين نسمع مثل هذه المفردات والتعبيرات نتوقع أنها من كلمات هذا الشّاعر. فالصّفة المركّبة "حلو الصّفا" تشبه الصّفة المركّبة في الموشح السّابق "غريب الدار،" وتشبيه المحبوب بالغزال تكرر في موشح "عجبًا لغزال،" كما يشبه تعبير "سيف اللحاظ" تعبيري "الثغر يغني ويمني" و"الطرف كحيل بتار" في موشح "غريب الدار،" وكذلك تعبير "بسهام العينين رمى" المذكور في الموشح التالي "لاهٍ تياه" من حيث تركيز الشّاعر على ملامح الوجه الجميلة لا سيما العين والفم.

الجديد الذي قدمته ريما خشيش في غناء مثل هذه الموشحات هو المزج بين الموشّحات والمقامات العربيّة الأصيلة وموسيقى الجاز، الأمر الذي بدا كمغامرة كان حجر الأساس فيها صوت ريما نفسه. وكان هذا سبب نجاح أغانيها ونجاحها هي منذ انطلاقها، فنستطيع أن نصف موسيقى أغانيها بأنها شرقيّة غربيّة حيث شارك عازفون غربيون على آلات غربيّة من كونترباص (contrabass) ودرامز (drums) وساكسفون (saxophone) وغيرها western في تقديم هذا المزج الفريد الجميل، ونجد هذا واضحًا في أداء هذا الموشّح.

التدريبات

١- أسئلة الفهم والاستيعاب:

أ   ما هو موضوع القصيدة؟

ب   بِمَ شبّه الشّاعر حبيبته؟

ت   ماذا طلب الشّاعر من حبيبته؟

ث   هل الشّاعر راضٍ عن زمانه أم لا؟

٢- أكمل الجمل الآتية بكلمات من عندك:

أ   ــــــــــ الإسلام شرب الخمر على المسلمين.

ب   لا أستطيع قضاء الليل بدون ــــــــــ فأنا أحتاج إلى الراحة.

ت   كان ــــــــــ في الزّمن القديم أداة القتال الفعّالة.

ث   معظم الناس يُحبّون أن يشربوا النّبيذ في ــــــــــ .

ج   جمال و ــــــــــ لهما نفس المعنى، وقلب و ــــــــــ أيضًا.

٣- اختر الإجابة الصحيحة من بين الأقواس:

أ   ــــــــــ الولد الكرة من الشّبّاك.

(جفا – رمى – حرّم)

ب   ــــــــــ حيوان جميل ورشيق جدًا.

(الأسد – الحمار – الغزال)

ت   ــــــــــ ممكن أن يكون اسم بنت في العالم العربي.

(نوم – رشا – كاس)

ث   عندي أرق فظيع، لم ــــــــــ عيني لحظة واحدة.

(ترمِ – تغفُ – تجفُ)

ج هل .... النبات اليوم يا مصطفى؟

(سقيت – رميت – رضيت)

٤- صِل الكلمة بعكسها:

نوم	مر
زاد	صحو
حلو	نقص
رضي	أباح
حرّم	رفض

٥- صحّح الكلمات التي تحتها خط في الجمل الآتية:

أ شاهدت تمثالًا لصلاح الدين الأيوبي وهو يمسك سكينًا.

ب الرّشا هو حصان صغير.

ت الجوى هو نوم شديد.

ث جميع الأديان أباحت الكذب.

ج وضع السّكر في العصير يجعله مرًا.

٦- استخرج من النصّ:

٥ أفعال ماضية – فعلي أمر – فعل مضارع – أسلوب نهي – فعل استثناء

٧- ضع الكلمات الآتية في جمل من عندك:

ما خلا – رضي – شوق – ثمّ – حرّم – زمان

٨- ناقش المدرّس في رأيك في مفردات القصيدة وموضوعها.

٤

لاهٍ تيّاه

٤

لاهٍ تيّاه

٢٠٠٦

كلمات وألحان: فؤاد عبد المجيد - غناء: ريما خشيش

لاهٍ لاهٍ لاهٍ تَيّاه   بِسِهام العَيْنَيْنِ رَمى
يَرْنو يَرْنو يَرْنو بِدَلالٍ   فَيُثيرُ بِأَشْواقي ظَمَأ
أَهْواهُ أَهْواهُ وَأَلْقاه   بِأَفْراحٍ وَغِنا
وَأُذيبُ بِأَلْحاني ياعَيْنُ   أَشْواقي نَغَمًا
نادٍ نادٍ نادٍ مَيّاد   ذو دَلال وَبَهاء
هَلْ يَدْري كَمْ يَجْري   بِأَفْكارٍ بِأَفْكارٍ وَنُهى
يُغْريها يُمَنّيها فَتَصْبو   فَتَصْبو وَأَنّى لَها؟
يَتَمَنّى يَتَجَنّى ياعينُ   يُلْقي يُلْقي اللَّوْمَ بِها

المفردات

لاهٍ/لاهية	careless
تيّاه/ة	straying
سَهْم ج. سِهام، أسهم	arrow
عَيْن ج. عُيون (مُؤنَّثة)	eye
رَمَى، يَرْمي، رَمْي	to throw
رَنا، يَرْنو، رُنُو/رَنا	to gaze
دَلال	coquetry
أَثارَ، يُثير، إثارة	to stimulate
شَوْق ج. أَشْواق	longing, yearning
ظَمِئَ، يَظْمَأُ، ظَمَأ	to thirst
هَوِيَ، يَهْوى، هَوى	to love, become fond of
لَقِيَ، يَلْقى، لُقى	to meet
فَرَح ج. أَفْراح	joy, mirth
غِناء	singing
أَذابَ، يُذيبُ، إذابة	to melt
لَحْن ج. أَلْحان	melody
نَغَم ج. أَنْغام	tone
نادٍ/نادِية	dewy
مَيّاد/ة	swinging
ذو/ذات	possessor, endowed with
بَهاء	beauty, splendor

هَل	interrogative word for yes/no questions
دَرى، يَدْري، دِراية	to be aware, know
كَمْ	how often, how much/many
جَرى، يَجْري، جَرْي	to run, occur
فِكْرة ج. أَفْكار	idea, thought
نُهى	mind
أَغْرى، يُغْري، إغْراء	to seduce
مَنّى، يُمَنّي	to raise someone's hope
صَبا، يَصْبو، صُبُو/صَبْوَة/صَبا	to yearn, desire
أَنّى	where from, how come
تَمَنّى، يَتَمَنّى، تَمَنّي	to hope, desire
تَجَنّى، يَتَجَنّى، تَجَنّي	to accuse falsely
أَلْقى، يُلْقي، إلْقاء	to lay, throw
لامَ، يَلومُ، لَوْم	to blame

التعليق

هذا هو الموشّح الثّالث والأخير في كتابنا، من كلمات وألحان باعث فنّ الموشّحات في الزّمن المعاصر الشّاعر فؤاد عبد المجيد، وغناء ريما خشيش التي أحيت الأغاني الكلاسيكيّة بطريقة حديثة.

يخبرنا الشّاعر في قصيدته عن حبيبته ويتحدّث عنها بصيغة المذكّر، ولكن هذا الأسلوب شائع جدًا في القصائد العربيّة أي التّحدث عن الحبيب بصيغة المذكر حتى لو كان امرأة.

مفردات وتعبيرات القصيدة غزليّة صريحة. فهو يصف حبيبته بأنها لاهية ولكنها تسحر جميع من يراها وهو من بينهم بجمالها وجمال عينيها، خاصّةً عندما تنظر له بدلال فتُثير الرّغبة في قلبه فيقع في حبها. ويلقاها فيما بعد سعيدًا مبتهجًا وربما يدفعه هذا إلى نظم الموسيقى طبقًا لبيت "وأذيب بألحاني يا عين أشواقي نغمًا."

هو تكلم عن حبيبته في وزن مذكر

وفي الأربعة أبيات الأخيرة يصف الشّاعر حبيبته بأنها نادية ميّادة ذات دلال وجمال، فهي تسير في خيلاء تتمايل نحو اليمين ونحو اليسار كأنها تتأرجح، فيا لها من أنوثة ونعومة تنعم بها هذه الفتاة. ويسأل الشّاعر نفسه هل تدري هذه الفتاة كم عقلًا يفكر فيها، كم شخصًا قد وقع في حبها، كم شخصًا أغرته بجمالها وسحرها ومنّته بحركاتها ودلالها فغدا ينشدها ويتمناها ويرغبها، وهل كان لهؤلاء الذين وقعوا في هواها أن يفعلوا غير ذلك؟ وبينما تعجب هي ويسرّها حب الآخرين لها ورغبتهم فيها تلقي اللوم عليهم وكأن حبهم لها خطأهم، فهي بريئة من هذا وما ذنبها أنها جميلة جذابة ساحرة.

وصورة الفتاة التي يعشقها الكثيرون لحسنها وجمالها من مجرد رؤيتها وشكوى الشّاعر وهو أحدهم من ذلك قد ترددت كثيرًا في القصائد العربيّة الفصحى والعامية، فنجد أبا فراس الحمداني (٩٣٢-٩٦٨م) في قصيدة "أراك عصي الدمع" يقول:

فقلت كما شاءت وشاء لها الهوى　　　قتيلك، قالت أيهم؟ فهم كثر

ونجد أحمد عبد المجيد يقول في مونولوج "كلنا نحب القمر" بالعاميّة المصريّة:

كلنا نحب القمر　　　والقمر بيحب مين
حظنا منه النظر　　　والنظر راح يرضي مين

ويقول فتحي قورة في مونولوج "كل العيون حواليك" بالعاميّة المصريّة:

كل العيون حواليك　　　شاغلها سحر عينيك
مابقاش مكان لعينيّ　　　تُبصّ منه عليك

ويقول أحمد رامي في مونولوج "إنت الحب" بالعاميّة المصريّة:

ياما قلوب هايمة حواليك　　　تتمنى تسعد يوم برضاك
وأنا اللي قلبي ملك إيديك　　　تنعم وتحرم زي هواك

إذن قد لا يكون الموضوع الذي تقدمه قصيدتنا جديدًا كل الجدة، ولكن الجديد فيها هو المفردات البسيطة السّهلة وذلك التّناغم السّاحر بينها والجناس بين بعضها الذي يخلق فيها موسيقى ذاتية حتى قبل أن تُلحّن، مثل "لاهٍ تيّاه" و"نادٍ ميّاد" و"يدري ويجري" و"يغريها يمنّيها" و"يتمنّى ويتجنّى،" وما تصوره من صّور جميلة، وكذلك فكرة إذابة الأشواق نغمًا في الألحان التي تصوّر الشّاعر نفسه موسيقار، وهو ما يتمثّل في الواقع كون فؤاد عبد المجيد شاعرًا وموسيقار. كما يقدم الشاعر قافية جميلة رغم عدم تطابقها تمام التطابق، فنجد في الأربعة أبيات الأولى "رمى - ظمأ - غنا - نغمًا" والأربعة أبيات الأخيرة "بهاء - نهى - لها - بها،" حيث التزم الشّاعر بوحدة القافية في كل أربعة أبيات مع مرونة في اختيار الأصوات التي تمثّلها.

ملاحظات

هل يدري كم يجري بأفكار ونهى: (كم) هنا أداة تعجب، ومعنى البيت (أنه كثيرًا ما يجري بأفكار وعقول).

فتصبو وأَنّى لها: (أَنّى) اسم استفهام يُسأل به عن المكان، والمعنى (أن العاشقين يتمنون أن يقابلوها ولكنهم لن يقابلوها).

التدريبات

١- أسئلة الفهم والاستيعاب:

أ ما هي صفات حبيبة الشّاعر؟

ب كيف يلقى الشّاعر حبيبته؟

ت ما هو تأثير حبيبة الشّاعر عليه؟ وما هو تأثيرها على من يرونها؟

٢- أكمل الجمل الآتية بكلمات من عندك:

أ اصطاد الرجل الغزال بـ ________.

ب ________ الشّمس كل الجليد الذي كان يغطي الحديقة.

ت امرأة بهية يعني امرأة ذات ________.

ث ________ مياه نهر النيل من الجنوب إلى الشمال.

ج لا أفهم بعض الـ ________ الفلسفية المعقدة.

٣- اختر الإجابة الصحيحة من بين الأقواس:

أ أرى الأطفال ________ في الحديقة يلعبون بالكرة ويمرحون.

(لاعبين - لُهاة - رُماة)

ب في شرفتك الزهور ________ وجميلة.

(جافة - نادية - ذائبة)

ت الصّديق الحقيقي يبقى مع صديقه في ________ وأحزانه.

(أفراحه - أفكاره - ألعابه)

ث ________ جميع الأمم إلى الرّقي والتّقدّم.

(تغفو - تصبو - تجفو)

ج ________ البنت الشّاب بنظراتها الجريئة.

(تمنّت - تجنّت - أغرت)

٤- صل الكلمة بعكسها:

أذاب	قبح
جاف	جدية
دراية	جمّد
دلال	نادٍ
بهاء	جهل

٥- صحّح الكلمات التي تحتها خط في الجمل الآتية:

أ الجوع والنوم هما الاحتياج للطّعام والشراب.

ب منذ بداية البشرية والإنسان يسلّي نفسه والآخرين بالتّمثيل والإنشاد.

ت تختلف النّغمات الشّرقيّة عن النّغمات الغربيّة اختلافًا واضحًا.

ث الحكماء والفلاسفة هم ذوو القلوب المفكرة ومن يحاولون مساعدة البشر في بلوغ السعادة.

ج أنا لا أحب نوم الآخرين لي، فكل أفعالي كانت نابعة من تفكير طويل.

٦- استخرج من النّصّ:

٤ صفات – ٤ مصادر – أسلوبي استفهام – ١٠ أفعال مضارعة – فعل ماضٍ

٧- ضع الكلمات الآتية في جمل من عندك:

لقي – أغرى – تمنّى – تجنّى – ألحان – أفكار – نغم

٨- ناقش المدرّس في رأيك في التّشبيهات التي استخدمها الشّاعر لوصف حبيبته.

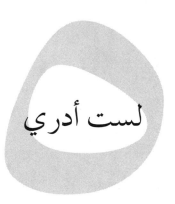

لست أدري

YouTube

٥

لست أدري

١٩٤٤

كلمات: إيليا أبو ماضي - ألحان وغناء: محمد عبد الوهاب

جِئْتُ لا أَعْلَمُ مِن أَيْنَ وَلَكِنّي أَتَيْتُ
وَلَقَدْ أَبْصَرْتُ أَمامي طَرِيقًا فَمَشَيْتُ،
وَسَأَبْقى سائِرًا إنْ شِئْتُ هَذا أَمْ أَبَيْتُ.
كَيْفَ جِئْتُ؟ كَيْفَ أَبْصَرْتُ طَريقي؟
لَسْتُ أَدْري.
أَنا لا أَذْكُرُ شيْئًا مِن حَياتي الماضِية،
أَنا لا أَعْلَمُ شَيْئًا مِن حَياتي الآتِية،
لي ذاتٌ غَيْرُ أَنّي لَسْتُ أَدْري ما هيَ.
فَمَتى تَعْرِفُ ذاتي كُنْهَ ذاتي؟
لَسْتُ أَدْري.
أَيْنَ ضَحْكي وبُكائي وَأَنا طِفْلٌ صَغير؟
أَيْنَ جَهْلي وَمَراحي وَأَنا غَضٌّ غَرير؟

أَيْنَ أَحْلامي وَكانَت كَيْفَما سِرْتُ تَسير؟

كُلُّها ضاعَت وَلَكِنْ كَيْفَ ضاعَت،

لَسْتُ أَدْري.

المفردات

to come	جاءَ، يَجيءُ، مَجيء
to know	عَلِم، يَعْلَمُ، عِلْم
to come	أَتى، يَأْتي، إِتْيان
emphatic particle indicating completion	لَقَد (+ فعل ماضٍ)
to see, perceive	أَبصَرَ، يُبصِرُ، إِبْصار
in front of	أمام
way, road	طَريق ج. طُرق
to walk	مَشى، يَمْشي، مَشْي
to remain, stay, keep doing something	بَقِيَ، يَبْقى، بَقاء
to walk, go on	سارَ، يَسيرُ، سَير
to want, to will	شاءَ، يَشاءُ، مَشيئة
to refuse, decline	أَبى، يَأْبى، إِباء
not	لَيْسَ
to be aware, know	دَرى، يَدْري، دِراية
thing	شَيْء ج. أَشْياء
life	حَياة ج. حَيوات
coming	آتٍ/آتية
essence, self	ذات
but, except	غَير
to know	عَرَفَ، يَعرِفُ، مَعْرفة
core, essence	كُنْه

ضَحْك، ضَحِك	laughter
بُكاء	crying
طِفْل ج. أَطْفال	child
صَغير/ة	young, small
جَهْل	ignorance
مَراح	place of leisure and rest
غَضّ/ة	youthful, tender, fresh
غَرير/ة	naive
حُلْم ج. أَحْلام	dream
ضاعَ، يَضيعُ، ضَياع	to be lost

التعليق

غنى محمد عبد الوهاب أغنية "لست أدري" في فيلم "رصاصة في القلب" عام ١٩٤٤ وأعاد عبد الحليم حافظ غنائها في فيلم "الخطايا" وهي أجزاء من قصيدة "الطّلاسم" لإيليا أبو ماضي. وموضوع القصيدة هو التّأمل، التّأمل في حياة الإنسان وفي سرّ وجوده وفي سيرورة حياته ودوره في هذه الحياة. وقد عبّر الشّاعر عن أفكاره في صورة تساؤلات لم يستطع الإجابة عنها فهو لا يدري لها إجابة.

في الأربعة أبيات الأولى يعلن الشّاعر أنه جاء إلى هذه الدّنيا وأنه سائر فيها وأنه مشلول الإرادة، وعليه أن يسير شاء هذا أم أباه، يجهل كل شيء عدا هذا، فهو لا يعرف كيف جاء ولا كيف أبصر طريقه.

وفي الأربعة أبيات الثّانية يعلن جهله بكل شيء عن نفسه، فهو لا يذكر شيئًا عن ماضيه قبل أن يكون موجودًا، وهو لا يعرف شيئًا عن مصيره، وهو—إن علم أنه ذات كائنة—لا يعلم أسرار ذاته هذه، ويسأل نفسه عن اليوم الذي تدرك فيه ذاته نفسها.

وفي الأربعة أبيات الأخيرة يسأل نفسه فيما يشبه الحنين إلى الماضي عن كل ما مر به من لحظات سعيدة وحزينة حين كان طفلًا غريرًا أين هي الآن، وعن أحلامه وطموحاته

وآماله التي كان يستطيع تحقيقها وهو صغير لكنه عجز عن تحقيقها وهو بالغ وراشد، فكأن نفسه قد ضاعت منه أو ربما حين نما وكبر وبدأ يبحث عنها لم يجدها.

تُصوِّر القصيدة حيرة الإنسان تجاه الوجود وعجزه عن اكتناه أي شيء من أسرار حياته. وحيرة الإنسان أمام الوجود قديمة، عبرت عنها الأعمال الأدبيّة القديمة شرقًا وغربًا، شعرًا ونثرًا، ولكن شاعرنا أوجز أفكاره وموضوعه في قصيدة قصيرة نسبيًا مقارنة بالأعمال القديمة عربيّة كانت أم أجنبيّة، أوجزها في تعبيرات واضحة مباشرة ومفردات بسيطة وسهلة لا تحتمل التّأويلات الكثيرة المتناقضة، مما يسهل على القارئ ويضعه في مواجهة مباشرة مع أفكار الشّاعر.

تعبِّر القصيدة عن سعي الإنسان الدائم. الإنسان يسأل بلسان الشّاعر ويسأل، لكن سؤاله الأبدي سيبقى سؤالًا مصدومًا باللازمة الأبديّة "لست أدري" التي تمثلها فلسفة اللاأدريّة أحسن تمثيل، ومن هنا عُرف أبو ماضي بشاعر اللاأدريّة. إنها تعبر عن فضول الإنسان وعن توقه الشّديد إلى المعرفة واكتناه أسرار الكون والوجود.

وقد بنى الشّاعر قصيدته بناءً خاصًا فجعلها رباعيّات أو مقاطع يضمّ كل مقطع منها أربعة أبيات. وتختلف قوافي الأبيات الثّلاثة الأولى من كل مقطع عنها في المقاطع الأخرى، ويُعد هذا تجديدًا في أسلوب الشّعر القديم الذي يلزم وحدة القافية، وأنهى كل مقطع بلازمة "لست أدري."

التدريبات

١- أسئلة الفهم والاستيعاب:

أ   ما هو موضوع القصيدة؟

ب   ما نوع هذه القصيدة في الشّعر العربي؟

ت   لماذا اعتمد الشّاعر على استخدام الأسلوب الإنشائي؟

ث   ما دلالة استخدام الشّاعر لجملة "لست أدري"؟

ج   هل تبنى الشّاعر وحدة القافية في قصيدته؟ وما دلالة ذلك؟

٢- أكمل الجمل الآتية بكلمات من عندك:

أ   لا أذهب إلى مدرستي بوسيلة مواصلات بل ــــــــــــ على قدمي.

ب   أفاق المريض من غيبوبته ولكنه لا ــــــــــــ شيئًا عمّا حدث له.

ت   قليل من النّاس من لا يذكر ــــــــــــ الذي رآه في نومه.

ث   يبدو أن مفتاح منزلي ــــــــــــ فأنا لا أجده في أي مكان.

ج   ممنوع أن ــــــــــــ سيارات النّقل الكبيرة في هذا الطّريق.

٣- اختر الإجابة الصحيحة من بين الأقواس:

أ   قضيت كل حياتي ــــــــــــ في لبنان حتى تركتها وأتيت إلى مصر.

(الماضية – القادمة – الآتية)

ب   ــــــــــــ إلى هنا بالمترو.

(ذهبت – جئت – مشيت)

ت   كنت أحب اللعب على السّلالم المتحركة ــــــــــــ طفل صغير.

(وأنا – حين – و)

ث   ــــــــــــ الإنسان قد يقوده إلى التّطرف.

(علم – جهل – مَراح)

ج قلدني والعب ________ ألعب.

(قلما – حيثما – كيفما)

٤- صل الكلمة بعكسها:

جاء	حياة
علم	آتٍ
ضحك	بكاء
موت	جهل
ماضٍ	ذهب
ذكر	أبى
شاء	نسي

٥- صحّح الكلمات التي تحتها خط في الجمل الآتية:

أ أبصرت يعني سمعت.

ب لك عمر واحد فلا تجعله يتوه فيما لا ينفع.

ت قد لا يستطيع الإنسان أن يحقق كل آماله وألعابه.

ث عادة ما يخاف الإنسان مما يعلمه.

ج كان الموضوع الذي يشغل فكرها دائمًا هو كيف تحقق روحها.

٦- استخرج من النصّ:

٨ أفعال ماضية – فعل في زمن المستقبل – ٣ أسماء فاعل – ٣ أدوات استفهام

٧- ضع الكلمات الآتية في جمل من عندك:

أعلم – أمام – أذكر – بكاء – ذات – كُنه – غضّ – غرير

٨- ناقش المدرّس في رأيك في موضوع القصيدة ذاكرًا ما تعرفه عن الشّاعر وعن المدرسة التي ينتمي إليها.

٦

أعطني النّاي وغنِّ

YouTube

٦
أَعطني النّاي وغنِّ
١٩٧٠

magazine ١٩٦٤؟ في الشبكا

كلمات: جبران خليل جبران - ألحان: نجيب حنكش - غناء: فيروز

أَعْطِني النّاي وغَنِّ فَالغِنا سِرُّ الوُجود

وأنين النّاي يَبْقى بَعْدَ أَنْ يَفْنى الوُجود

هَلِ اتَّخَذْتَ الغابَ مِثْلي مَنْزِلًا دون القُصور

فَتَتَبَّعْتَ السّواقي وتَسَلَّقْتَ الصُّخور

هَلْ تَحَمَّمْتَ بِعطرٍ وتَنَشَّفْتَ بِنور

وشَرِبتَ الفَجرَ خَمْرًا مِنْ كُؤوسٍ مِن أَثير

هَلْ جَلَسْتَ العَصرَ مِثْلي بَيْنَ جَفْنات العِنَب

والعَناقيد تَدَلَّتْ كَثُرَيّات الذَّهَب

هَلْ فَرَشْتَ العُشْبَ لَيْلًا وتَلَحَّفْتَ الفَضاء

زاهِدًا في ما سَيَأْتي ناسِيًا ما قَدْ مَضى

أَعْطِني النّاي وغَنِّ وانْسَ داءً ودَواء

إنَّما النّاسُ سُطورٌ كُتِبَتْ لَكِنْ بِماء

المفردات

to give	أَعْطى، يُعْطي، إعْطاء
ney (a Middle Eastern flute)	ناي ج. نايات
to sing	غَنّى، يُغَنّي، غِناء
secret	سِرّ ج. أَسْرار
existence	وُجود
wail, moan, groan	أَنين
to remain, stay, keep doing something	بَقِيَ، يَبْقى، بَقاء
to pass away, perish	فَنِيَ، يَفْنى، فَناء
to take, make something out of	اتَّخَذَ، يَتَّخِذُ، اتِّخاذ
forest	غاب
like me	مِثْلي
house, home	مَنْزِل ج. مَنازِل
without	دونَ
palace	قَصْر ج. قُصور
to follow	تَتَبَّعَ، يَتَتَبَّعُ، تَتَبُّع
waterwheel	ساقية ج. سَواقٍ
to climb	تَسَلَّقَ، يَتَسَلَّقُ، تَسَلُّق
rock	صَخْر ج. صُخور
to bathe	تَحَمَّمَ، يَتَحَمَّمُ، تَحَمُّم
scent	عِطْر ج. عُطور
to get oneself dry	تَنَشَّفَ، يَتَنَشَّفُ، تَنَشُّف

light	نور ج. أَنْوار
to drink	شَرِبَ، يَشْرَبُ، شُرْب
dawn	فَجْر
alcoholic drink	خَمْر ج. خُمور (مُؤَنَّثة)
glass	كَأْس ج. كُؤوس (مؤنثة)
ether	أَثير
to sit down	جَلَسَ، يَجْلِسُ، جُلوس
afternoon	عَصر
grapevines	جَفْنات العِنَب
bunch (of grapes), cluster	عُنْقود ج. عَناقيد
to hang	تَدَلّى، يَتَدَلّى، تَدَلي
chandelier	ثُرَيا ج. ثُرَيات
gold	ذَهَب
to spread, to cover	فَرَشَ، يَفْرِشُ، فَرْش
grass, herb	عُشْب ج. أَعْشاب
night	لَيْل
to cover oneself	تَلَحَّفَ، يَتَلَحَّفُ، تَلَحُّف
space	فَضاء
abstemious, ascetic	زاهِد/ة
to come	أَتى، يَأْتي، إتْيان
to pass	مَضى، يَمْضي، مُضِي
to forget	نَسِيَ، يَنْسى، نِسْيان
sickness, illness	داء

medicine	دَواء ج. أَدْوِية
people	ناس
line	سَطْر ج. سُطور
to write	كَتَبَ، يَكْتُبُ، كِتابة
but	لَكِن
water	ماء

التعليق

اسم الماضي

غنت فيروز هذه الأغنية من كلمات الشّاعر الكبير جبران خليل جبران وألحان نجيب حنكش. وهي مجموعة أبيات مقتطفة من قصيدة "المواكب،" وهي قصيدة رمزيّة طويلة تتكون من ٢٣٠ بيتًا موزعة على ٦ مقطوعات، هي الخير والدين والعدل والعلم والسّعادة ووصف الغابة (الطّبيعة) ضمّنها جبران آراءه الفلسفيّة في النّاس والحياة. ومن النّقاد من فسّر المواكب على أنها مجموعة من النّاس تمشي وراء الإنسان القوي اعتمادًا على المعنى الحرفي لكلمة موكب، ومنهم من قال إن جبران قصد بها معتقدات النّاس ومقاييسهم الخاطئة، وبذا تكون المواكب هي مواكب النّاس في حياتهم الشّائكة وأطباعهم الزّائفة وضلالهم. وتدور "المواكب" بصفة عامة حول موضوعات الحياة الكبرى كالخير والشّرّ والعدالة والحرية والمعرفة والحبّ والرحمة والقسوة والسّعادة وحقيقة الوجود والفرح والحزن والدّين والشّرائع والموت والخلود.

حياة

وقد قسّم جبران أبيات قصيدته على لساني شخصين أولهما شيخ خبر الأيام وعرف حقيقتها، فنضج تفكيره وحكمته، أما الثّاني فهو شاب يمثل الطّبيعة ببساطتها وطهارتها، حيث لا حكمة ولا فلسفة ولا شرائع، يدعو النّاس إلى العيش في الغاب عيشًا مطلقًا لا حدود لبساطته وكأنما هو يدعو إلى الخروج على التّقاليد والشّرائع، وإلى البعد عن الحضارة المعقّدة التي سببت شقاء البشريّة.

وتتجلى في القصيدة تأملات وإشراقات جبران الإنسانيّة التي تحمل في طياتها دعوات إلى أسمى حالة من حالات الحبّ والخير والجمال والحقّ مقرونة بحالة الطبيعة التي قدّسها الرّومانسيون، فجعلوها معصومة لا تخطئ ومنزّهة عن كل شر موجود لدى الإنسان. فلا يوجد في الطّبيعة ذلّ ولا حزن ولا ظلم ولا خوف ولا عبوديّة ولا أنانيّة، فهذه الصفات موجودة عند الإنسان في مجتمعه المدنيّ فقط.

وفي أبيات أغنية فيروز المقتطفة، نجد جبران يطلب من شخص موهوم أن يعطيه الناي للغناء، فالغناء هو سر الوجود، وصوت الناي خالد لا يفنى بفناء العالم. وقد تخيّر الشاعر الغاب (وهو يقصد به الطّبيعة) للسكن والإقامة. وفي الغاب يتتبّع السّواقي ويتسلّق الصّخور، يتحمّم بالعطر ويتنشّف بالنّور. وعند الفجر، يحتسي خمرة الصّبح في كؤوس من أثير، أما في المساء، فإنه يجلس بين دوالي العنب والعناقيد تتدلّى كثُريّات الذهب. لقد مر الشّاعر بالفجر والمساء، فإنه الآن يعبر بالليل، وهو ينام بين أحضان الطّبيعة، والعشب فراشه والفضاء لحافه زاهدًا بالغد ناسيًا ما قد مضى. طلب النّاي وطلب أن ينسى المرء حتّى الدّاء والدّواء وأردف، إنما النّاس سطور كتبتها يد القدر ولكن كتبتها بماء تعبيرًا عن ضعفهم وفنائهم.

وحتى يتضح معنى القصيدة أكثر وننفذ إلى روحها بشكل أعمق، يجب أن نعلم أن جبران كان رومانسيًا مؤكدًا، والرّومانسيون هم الذين استعادوا نظرية أفلاطون في الحقيقة والمثال. وشاعرنا منهم يعتقد مثلهم أن الكلام العادي والحياة الاجتماعية من قوانين وشرائع مكتوبة وعادات وتقاليد غير مكتوبة لا تعبّر عن شيء، وأن الحقيقة الملموسة الظاهرة ليست حقيقة إنما قناع للحقيقة. الغناء وحده يقدر أن يعبّر عن حقيقة الوجود، لأن الغناء يعبر بالنّشوة المبهمة. وقد اعتبر الغاب أسمى من المدينة وأن الحياة الطّبيعيّة أرقى من الحياة المدنيّة، فغدا الغاب النّموذج الأساسيّ الذي يصدر عنه جبران فلسفته وحركته التجديديّة، اقتبسه عن الرّومانسيين الذين يمجدون الغابات ويهرعون إليها ويقيمون فيها. ذلك لأنها تعبّر عن زمن البراءة والفطرة في الإنسان قبل أن يتقيد الإنسان بقيود المجتمع والمرارات التي تلازمه فيه. وهكذا تكون كلمة "الغاب" قوامًا من مقومات فلسفة جبران، بل إنها ركن من أركانها.

ملاحظات

أعطني الناي وغن: (أعطني) أمر من الفعل (أَعْطى، يُعْطي) و(غنّ) أمر من الفعل (غنّى، يُغنّي) وحُذف حرفا العلة منهما لأنهما فعلا أمر مبنيان على حذف حرف العلة.

التدريبات

١- أسئلة الفهم والاستيعاب:

أ   إلى أي مذهب أدبي تنتمي هذه القصيدة؟

ب   ما دلالة بيت "زاهدًا في ما سيأتي ناسيًا ما قد مضى"؟

ت   ما فائدة استخدام الشّاعر لحرف الاستفهام "هل" أكثر من مرة؟

ث   في رأيك لماذا ذكر الشّاعر الناي دون غيره من الآلات الموسيقية؟

٢- أكمل الجمل الآتية بكلمات من عندك:

أ   ترفع _____ المياه من أدنى لأعلى لتروي الحقل.

ب   استيقظت اليوم مبكرًا و _____ بماء ساخن ثم ذهبت إلى عملي.

ت   يُعد النبيذ والبيرة وكل شراب به كحول _____ .

ث   ما أجمل _____ المستخرج من زهرة الياسمين!

ج   يبحث العلماء لكل داء عن _____ .

٣- اختر الإجابة الصحيحة من بين الأقواس:

أ   كيف أكتب في هذه الكراسة وليس بها _____ ؟

(خطوط – سطور – جداول)

ب   مجموعة النّجوم الشّهيرة التي هي على شكل ثور سمّاها العرب _____ .

(ثوريا – ثُريا – ثورة)

ت   لقد كان طموحًا طول حياته ولكنه كان _____ فيما لا يمكنه الحصول عليه.

(راغبًا – زاهدًا – ناسيًا)

ث   وزنت _____ العنب كلها ووجدتها ١٤ كيلوجرام.

(عناقيد – مجموعات – جفنات)

ج .... المخابرات الحربيّة الجاسوس حتى قبضت عليه في بيته.

(اتخذت – تتبعت – تدلت)

٤- **صل الكلمة بعكسها:**

وقف	زاهد
أعطى	تسلّق
وجود	نسي
حفظ	فناء
تدلى	أخذ
طامع	جلس
بقاء	فناء

٥- **صحّح الكلمات التي تحتها خط في الجمل الآتية:**

أ لقد أخذت الأفيال أرض الهند موطنًا.

ب يصدر الطفل صرُاخًا منخفضًا يدلُّ على حزنه.

ت لا يعيش في المدينة إلّا الحيوانات.

ث يبحث الحكماء والفلاسفة منذ الحضارة المصرية القديمة حتى الآن عن سر الغناء.

ج هل عندك شيئًا لأبتلَّ به بعد الاستحمام؟

٦- **استخرج من النص:**

٣ أفعال أمر – اسم فاعل – ٨ أسماء وردت في حالة الجمع – ظرفي زمان

٧- ضع الكلمات الآتية في جمل من عندك:

يفنى – يبقى – تسلق – فرشَ – تدلى – دواء – فضاء

٨- ناقش المدرّس في رأيك في أفكار الشّاعر والصّور التي بثّها من خلال قصيدته.

٧

والله ما طلعت شمس

٧

والله ما طلعت شمس

٢٠١٢

كلمات: الحسين بن منصور الحلاج - ألحان: عمر خيرت - غناء: المجموعة

وَاللهِ ما طَلَعَتْ شَمْسٌ ولا غَرُبَتْ   إلّا وَحُبُّكَ مَقْرونٌ بِأَنْفاسي
ولا خَلَوْتُ إلى قَوْمٍ أُحَدِّثُهم   إلّا وَأَنْتَ حَديثي بَيْنَ جُلّاسي
ولا ذَكَرْتُكَ مَحْزونًا ولا فَرِحًا   إلّا وَأَنْتَ بِقَلْبي بَيْنَ وَسْواسي
ولا هَمَمْتُ بِشُرْبِ الماء مِن عَطَشٍ   إلّا رَأَيْتُ خَيالًا مِنْكَ في الكَأْس
ولو قَدَرْتُ على الإتْيانِ جِئْتُكُمُ   سَعْيًا عَلى الوَجْهِ أَو مَشْيًا على الرَأْس
ويا فَتى الحَيِّ إنْ غَنَّيت لي طَرَبًا   فَغَنِّني وَأَسَفًا مِن قَلْبِكَ القاسي
ما لي ولِلنّاس كَمْ يَلْحونَني سَفَهًا   ديني لِنَفْسي ودين النّاس لِلنّاس

المفردات

by God	والله
to rise, go up	طَلَعَ، يَطْلُعُ، طلوع
sun	شَمْس ج. شُموس
to set (the sun), go away	غَرُبَ، يَغْرُبُ، غُروب
love	حُبّ
joined	مَقْرون/ة
breath	نَفَس ج. أَنْفاس
to be alone with someone	خَلا إلى، يَخْلو إلى، خُلُوّ/خَلاء
people, community	قَوْم ج. أَقْوام
to talk	حَدَّثَ، يُحَدِّثُ، تَحْديث
speech, conversation	حَديث ج. أَحاديث
companion	جليس ج. جُلّاس
to mention, think of	ذَكَرَ، يَذْكُرُ، ذِكْر
sad	مَحْزون/ة
happy	فَرِح/ة
heart	قَلْب ج. قُلوب
obsession, concern, inner voices, anxiety	وَسْواس ج. وَساوِس
to intend to	هَمَّ، يَهُمُّ، هَمّ/مَهَمَّة
to drink	شَرِبَ، يَشْرَبُ، شُرْب
water	ماء

thirst	عَطَش
to see	رَأى، يَرى، رُؤْية
image, shadow, imagination	خَيال ج. خيالات
glass	كَأْس ج. كُؤوس (مُؤَنَّثة)
to be able to	قَدَرَ، يَقْدِرُ، قُدْرة/مَقْدِرة
to come	أتى، يَأْتي، إتْيان
to come	جاءَ، يَجيءُ، مَجيء
to seek, pursue	سَعى، يَسْعى، سَعْي
face	وَجْه ج. وُجوه
to walk	مَشى، يَمْشي، مَشْي
young man	فَتى ج. فتيان/فتية
neighborhood	حَي ج. أَحْياء
to sing	غَنّى، يُغَنّي، غِناء
musical enchantment, joy, merriment	طَرَب
sorrow, regret	أَسَف
merciless	قاسٍ/قاسِية
to abuse, insult	لَحا، يَلْحو، لَحْو
foolishness, crudeness	سَفَه
religion	دين ج. أَدْيان
myself	نَفْسي
people	ناس

التعليق

غنّت مجموعة المنشدين قصيدة "والله ما طلعت شمس" من كلمات الشّاعر الصّوفيّ الحسين بن منصور الحلّاج وألحان الموسيقار عمر خيرت عام ٢٠١٢ كمقدّمة لمسلسل "الخواجة عبد القادر" بطولة يحيى الفخرانيّ.

وفي هذه القصيدة يناجي الشّاعرُ الرّسولَ محمدًا—صلّى الله عليه وسلّم—ويخبره كم يحبه، كما فعل شعراء صوفيون آخرون، فقد كان حبّ الله ورسوله من الموضوعات المفضلة لدى شعراء الصّوفية.

وقد اعتمد الشّاعر في بناء قصيدته على أسلوبي النفي والاستثناء، حيث لا يحدث الفعل في الجملة الأولى إلا مع حدوث الفعل في الجملة الثانية، فإذا قال أحد "ما ذهبت إلى الجامعة إلا وزرت مكتبتها،" فهو يقصد أنه في كل مرة ذهب إلى الجامعة زار مكتبتها، وأصبح الفعل الثّاني مقترن بالأول دائمًا. وهكذا يؤكد الشّاعر المعنى في الشّطر الثّاني من كل بيت.

فما كفّ لحظة عن حب رسول الله لأنه ما مر يوم إلا وحبّ الرّسول يمضي معه ويشغله ويملأ قلبه تمامًا كأنفاسه، وما حدّث النّاس يومًا إلا عن الرّسول كناية عن شدّة حبّه له، وكلما ذكر الرّسول حزينًا أو سعيدًا كان شخص الرّسول يشغل كل تفكيره، وفي كل مرة رفع فيها الكأس ليشرب رأى خيال رسول الله في الكأس، ومن شدة هيامه بعشقه وشوقه إليه يتمنى لو يذهب إليه أينما كان زحفًا على وجهه أو مشيًا على رأسه. ثم يحوّل الشّاعر حديثه إلى الشّخص الذي يتغنّى بغرائبه وسيرة حياته المختلفة عن النّاس العاديين، ويقول له تغنّى بي واسخر مني واستمر في إثمك ولا أقابل فعلك إلا بأسفي على قلبك القاسي. ويتسائل لما يلومونني النّاس جهالة، فإيماني وديني لنفسي وإيمان ودين الناس لأنفسهم، وكم يذكرنا هذا المعنى بأمر الله تعالى للرّسول—صلى الله عليه وسلم—أن يقول لمن لا يؤمن به وبرسالته ((لكم دينكم ولي دين)).

ورغم أن هذه القصيدة ظهرت في العصر العباسي، إلا أن مفرداتها سهلة ومعانيها واضحة وتركيباتها بسيطة كما لو كانت نُظمت ليس في هذا القرن فحسب بل في هذا العقد من الزّمن، حتى أن قراءتها وفهم معناها من قبل أي عربي معاصر لا يحتاجان إلى شرح.

ملاحظات

والله: لفظ الجلالة الله مجرور بعد حرف القسم "و".

حبك مقرون بأنفاسي: تعني حبك يصاحب أنفاسي دائمًا.

أنت بقلبي بين وسواسي: الوسواس هو الشيطان، أو إغراءات الشيطان للإنسان، وهو أيضًا قلق ناتج عن اضطراب نفسي يحدث للمرء، وفي علم النّفس هو نوع من أنواع القلق يعاني المصاب به بعض الأفكار والصّور والدّوافع المتكررة. وقد يكون المعنى الذي يقصده الشّاعر هو أن الأفكار التي تراوده وتحزنه أو تسعده وأطلق عليها الوسواس يتجلّى الرّسول بينها فيبيدها، فحب رسول الله ينسيه كل ما يشغل تفكيره من محزنات ومبهجات.

هممت بشرب الماء: تعني أردت شرب الماء وعزمت عليه.

سعيًا على الوجه: السّعي هو الذّهاب وطلب الشّيء والبحث عنه، والسّعي على الوجه هو الزّحف على الوجه كالزّواحف.

مشيًا على الرأس: مشيًا على الرأس بدل القدمين. والصّورتان السابقتان صورتان بلاغيتان لا يمكن أن يتحققا في الواقع ولكن الشّاعر ذكرهما ليوضح لنا كم يحب الرسول.

ديني لنفسي ودين الناس للناس: معنى قائم على الآية الكريمة المذكورة في التّعليق على النّصّ. وهي حكمة يمكن أن تتخذ أساسًا للفلسفة الفردية التي تتلخص في أن كل فرد يعني شأن نفسه فيجعل آراءه وأفكاره ومعتقداته لنفسه فقط ولا يفرضها على النّاس، وفي نفس الوقت لا يتدخل في أفكار ومعتقدات النّاس حوله يريد أن يغيّرها ويغيّرهم ليلائموه.

التدريبات

١- أسئلة الفهم والاستيعاب:

أ   من الشّخص الذي يتحدّث إليه الشّاعر؟

ب   ما رأيك في قول الشّاعر "ديني لنفسي ودين النّاس للنّاس"؟

ت   اشرح ما فهمته من النّصّ بأسلوبك.

٢- أكمل الجمل الآتية بكلمات من عندك:

أ   _____ الشّمس اليوم في السّاعة السّادسة تمامًا.

ب   أشعر بـ _____ شديد، ٣ أكواب ماء لا تكفيني.

ت   كتابة الشّعر تحتاج إلى _____ واسع حتى تستطيع تجسيد صور غير مألوفة.

ث   لأن الشّمس فوقي تمامًا لا أرى لها _____ على الأرض.

ج   ما زال بعض الحكومات يهتم بمعرفة _____ المواطنين ويذكره في بطاقتهم الشّخصية.

٣- اختر الإجابة الصحيحة من بين الأقواس:

أ   _____ ما رأيتك في الجامعة أمس!

(والله – الله – لله)

ب   الإصابة بهذا المرض _____ دائمًا بأعراض محددة يعرفها الجميع.

(مكروهة – مقرونة – محسوسة)

ت   ما _____ اليوم لنفسي ولو لحظة واحدة، لقد حضرت عشرة اجتماعات.

(أكلت – خلوت – نمت)

ث   أسكن في _____ هادئ ونظيف جدًا.

(منطقة – حي – جبل)

ج .... هو طلب الشيء والبحث عنه بدون كسل.

(الطّمع – السّعي – الإتيان)

٤- صل الكلمة بعكسها:

عطش	غَرُبَ
طَلَعَ	ارتواء
محزون	رحيم
إتيان	فَرِح
قاسٍ	ذهاب

٥- صحّح الكلمات التي تحتها خط في الجمل الآتية:

أ يصوم المسلمون في رمضان حتى طلوع الشّمس.

ب حرارة الجو العالية تسبب الجوع.

ت في محاضرة الأدب العربي قال لنا المدرس عن قصائد الحلاج الصوفية.

ث قول الرّسول محمد—صلى الله عليه وسلم—يُسمى كلام شريف.

ج ظِل الأشياء الذي نراه في الشّارع نهارًا يدعوه بعض النّاس حقيقة.

٦- استخرج من النّصّ:

اسمي مفعول – حال – فعلي مضارع – فعل أمر – جملة قسم – ٥ مصادر

٧- ضع الكلمات الآتية في جمل من عندك:

أنفاس – قوم – وسواس – جليس – سفه – طرب

٨- اكتب مقالًا عن الشّعر الصّوفيّ العربيّ وأشهر ناظميه.

٩- ناقش المدرّس في رأيك في النّصّ عامة والكلمات والتّعبيرات التي استخدمها الشّاعر.

٨

زهرة المدائن

٨

زهرة المدائن

١٩٦٧

كلمات وألحان: الأخوين رحبانيّ - غناء: فيروز

لِأَجْلِكِ يا مَدينةَ الصَّلاة أُصَلّي

لِأَجْلِكِ يا بَهيّةَ المَساكن يا زَهْرَةَ المَدائِن

يا قُدْسُ يا قُدْسُ يا قُدْسُ

يا قُدْسُ يا مَدينةَ الصَّلاة أُصَلّي

عُيونُنا إلَيْكِ تَرْحَلُ كُلَ يَوْم

تَدورُ في أَرْوِقَةِ المَعابِد

تُعانِقُ الكَنائِسَ القَديمة

وَتَمْسَحُ الحُزْنَ عَن المَساجِد

يا لَيْلَةَ الإسْراء يا دَرْب مَنْ مَرّوا إلى السَّماء

عُيونُنا إلَيْكِ تَرْحَلُ كُلَ يَوْم وإنَّني أُصَلّي

الطِّفْل في المَغارَة وأُمُهُ مَرْيَم وَجْهان يَبْكيان

يَبْكيان لِأَجْلِ مَنْ تَشَرَّدوا لِأَجْلِ أَطْفالٍ بِلا مَنازِل

لِأَجْلِ مَنْ دَافَعَ واُسْتُشْهِدَ في المَداخِل

واُسْتُشْهِدَ السَّلام في وَطَن السَّلام

وَسَقَطَ العَدْلُ عَلى المَداخِل

حينَ هَوَتْ مَدينةُ القُدْسِ

تَراجَع الحُبّ وفي قُلوب الدُّنْيا اسْتَوْطَنَت الحَرْب

الطِّفْل في المَغارَة وأُمُهُ مَرْيَم وَجْهان يَبْكيان

وإنَّني أُصَلّي

الغَضَبُ السّاطِع آتٍ وَأَنا كُلي إيمان

الغَضَبُ السّاطِع آتٍ سَأَمُر عَلى الأَحْزان

مِنْ كُل طَريقٍ آتٍ بِجيادِ الرَّهْبَةِ آتٍ

وَكَوَجْهِ اللهِ الغَامِر آتٍ آتٍ آتٍ

لَنْ يُقْفَلَ باب مَدينَتِنا

فَأَنا ذاهِبَةٌ لِأُصَلّي

سَأدُقُ عَلى الأَبْواب وَسَأَفْتَحُها الأَبْواب

وَسَتَغْسِلُ يا نَهْرَ الأُرْدُن وَجْهي بِمِياهٍ قُدْسيَّة

وَسَتَمْحو يا نَهْرَ الأُرْدُن آثار القَدَم الهَمَجيَّة

الغَضَبُ السّاطِع آتٍ بِجِيادِ الرَّهْبَةِ آتٍ

وَسَيَهْزِمُ وَجْهَ القُوَّة

البَيْتُ لَنا وَالقُدْسُ لَنا

وَبِأَيْدينا سَنُعيد بَهاء القُدْسِ

بِأَيْدينا لِلْقُدْسِ سَلام آتٍ

المفردات

for	لِأَجْل
city	مَدينة ج. مُدُن، مَدائِن
to pray	صَلَّى، يُصَلّي، صَلاة
beautiful	بَهي/ة
residence	مَسْكَن ج. مَساكِن
flower	زَهْرة ج. زَهْر، أَزْهار، زُهور
Jerusalem	قُدْس / القُدْس
eye	عَين ج. عُيون
to depart	رَحَلَ، يَرْحَلُ، رَحيل
everyday	كُلَّ يَوْم
to go around, roam, revolve	دارَ، يَدورُ، دَوران
hallway	رِواق ج. أَرْوِقة
temple	مَعْبَد ج. مَعابِد
to embrace, hug	عانَق، يُعانِق، عِناق
church	كَنيسة ج. كَنائِس
old, ancient	قَديم/ة
to wipe	مَسَحَ، يَمْسَحُ، مَسْح
sorrow, sadness	حُزْن
mosque	مَسْجِد ج. مَساجِد
night	لَيْلة ج. لَيالٍ
the prophet's Night Journey	لَيْلة الإسْراء

road	دَرْب ج. دُروب
to pass, cross	مَرَّ، يَمُرُّ، مُرّ/مُرور
heaven, sky	سَماء ج. سَموات
child	طِفْل ج. أَطْفال
cave	مَغارة ج. مَغارات
mother	أُمّ ج. أُمَّهات
face	وَجْه ج. وُجوه
to cry	بَكى، يَبْكي، بُكاء
to be displaced	تَشَرَّدَ، يَتَشَرَّدُ، تَشَرُّد
to defend	دافَعَ، يُدافِعُ، دِفاع
to die as a martyr	اُسْتُشْهِدَ، يُسْتَشْهَدُ، اِسْتِشْهاد
entrance	مدخل ج. مداخل
peace	سَلام
homeland	وَطَن ج. أَوْطان
to fall	سَقَطَ، يَسْقُطُ، سُقوط
justice	عَدْل
when	حينَ
to fall (down)	هَوى، يَهْوي، هَوْي
to withdraw, fall back	تَراجَعَ، يَتَراجَعُ، تَراجُع
world	دُنْيا ج. دُنَى، دُنْيَيات
to settle	اِسْتَوْطَنَ، يَسْتَوْطِنُ، اِسْتيطان
war	حَرْب ج. حُروب
anger	غَضَب

shining, brilliant	ساطِع/ة
coming	آتٍ/آتية
the whole of	كُلّ
faith, belief	إيمان
way	طَريق ج. طُرُق
horse	جَواد ج. جِياد
fear	رَهْبة
overflowing	غامِر/ة
to close, shut	قَفَلَ، يَقْفِل، قَفْل
door	باب ج. أَبواب
to go	ذَهَبَ، يَذْهَبُ، ذَهاب/مَذْهَب
to beat, knock	دَقَّ، يَدُقُّ، دَقّ
to open	فَتَحَ، يَفْتَحُ، فَتْح
to wash	غَسَلَ، يَغْسِلُ، غَسْل
Jordan River	نَهْر الأُرْدُن
water	مِياه
sacred	قُدْسِي/ة
to wipe	مَحا، يَمْحو، مَحْو
trace	أَثَر ج. آثار
foot	قَدَم ج. أَقْدام
barbarian, brutal	هَمَجِي/ة
to defeat	هَزَمَ، يَهْزِمُ، هَزيمة
force, strength	قُوَّة ج. قُوَّات/قُوى

بَيْت ج. بُيوت	house, home
يَد ج. أَيْدٍ، أيادٍ (مؤنثة)	hand
أَعادَ، يُعيدُ، إعادة	to give back, to get back
بَهاء	beauty, prettiness

التعليق

غنّت فيروز قصيدة "زهرة المدائن" من كلمات وألحان الأخوين رحبانيّ عام ١٩٦٧، بعد حرب النّكسة التي اندلعت في نفس العام بين كل من مصر وسوريا والأردن من ناحية وإسرائيل من ناحية أخرى، وانتهت بهزيمة الجيوش العربية واحتلال إسرائيل للقدس الشّرقيّة وقطاع غزّة في فلسطين وهضبة الجولان في سوريا وشبه جزيرة سيناء في مصر.

وكان الجيش الإسرائيليّ قد احتلّ الأرض الفلسطينيّة وأُعلن قيام دولة إسرائيل في ١٤ مايو ١٩٤٨ مما اضطرّ البلاد العربيّة الحدوديّة مع فلسطين إلى إعلان الحرب على إسرائيل، ودخلت جيوش مصر والأردن والعراق وسوريا ولبنان والسّعوديّة الحرب ضد الجيش الإسرائيليّ المدعوم خارجيًا لتحرير أرض فلسطين، لكن الحرب انتهت بهزيمة عربيّة ونجاح إسرائيليّ سمح لها الحفاظ على المساحة المخصصة لها في خطّة التّقسيم الدّولية، وزادت عليها بأن سيطرت على نصف الأراضي المخصّصة لفلسطين، الأمر الذي اعتبره العرب احتلالًا واضحًا لأرضٍ عربية تاريخية لها قدسية عندهم فضلًا عن تشريد الآلاف من إخوانهم الفلسطينيين بتدمير بيوتهم أو سلبها منهم.

ومنذ ذلك الوقت حتى الآن ينظم الشّعراء العرب العديد من القصائد الفصحى والعاميّة التي تتغنى بتحرير القدس خاصة وفلسطين عامة، بعضها قام المطربون بغنائه وبعضها ظل رفيق القراء في بيوتهم ومجالسهم فقط.

ومن القصائد المغناة اخترنا قصيدة "زهرة المدائن" لاعتبارها من أصدق الأعمال وأكثرها حماسة وتعبيرًا عن إحساس العرب الفعلي بالقضية. و"زهرة المدائن" هو لقب من ألقاب مدينة القدس التي تسمت أيضًا ببيت المقدس ومدينة السّلام، وهي عند اليهود أورشليم كما ظهر اسمها في الكتاب المقدّس، ويقال إن تسمية أورشليم جاءت من "أورسالم" أي مدينة السلام أو مقر عبادة الإله الكنعاني سالم أو شالم حامي المدينة.

وقد وجه الشّاعران حديثهما إلى مدينة القدس ذاتها، وعبّرا لها عن مشاعر العرب تجاهها، فهم يُصلّون لأجلها وعيونهم ووجدانهم ترحل إليها كل يوم تدور بأروقة معابدها وتعانق كنائسها القديمة وتمسح الحزن عن مساجدها. ولمّح الشّاعران لأهميتها القدسية عند المسلمين حيث عرج منها النبي محمد—صلّى الله عليه وسلّم—إلى السّماء في رحلة الإسراء والمعراج. ثم فعلا نفس الأمر وأعطيا إشارة إلى أهميتها القدسيّة عند المسيحيين حيث صُلب السيد المسيح—عليه السلام—على أحد تلالها حوالي سنة ٣٠، فصوّرا المسيح طفلًا يبكي في المغارة مع أمه مريم العذراء لأجل أطفال العرب المشرّدين بعد تدمير وسلب منازلهم. وإذا قامت الحرب في مدينة السّلام نفسها فسيكون أول شهيد هو السّلام نفسه ويليه العدل وينسحب الحب من ميدان المعركة وبذا تحلّ الكراهية والحرب قلوب النّاس في العالم أجمع، فكأن العالم انقسم إلى فريقين، فريق مهاجم أو يدعم الهجوم وفريق يدافع أو يدعم الدّفاع، لذا لجأ الشاعران إلى الصلاة يدعوان لعودة السّلام إلى مدينة القدس وأهلها.

وفي نبرة حماسيّة غاضبة آبية يعبّر الشاعران عن غضب العرب السّاطع كالشّمس الذي سيتجاوز الحزن ويعم ويغمر المكان كوجه الله ويفتح أبواب المدينة للعرب لكي يؤدوا طقوس صلواتهم بالقدس كما اعتادوا وليبدؤوا بالتّطهر أولًا بمياه نهر الأردن القدسيّة.

وبلهجة حادة واثقة غير هيّابة يختتم الشّاعران القصيدة ويؤكّدان أن "البيت" أي بيت المقدس للعرب وأن بأيديهم سيعود جمال المدينة وبأيديهم سيأتي السّلام ثانية ويسكن المدينة.

ملاحظات

يا مدينة الصلاة، يا بهية المساكن، يا زهرة المدائن، يا ليلة الإسراء: هنا "مدينة" و"بهية" و"زهرة" و"ليلة" كلها تُعرب منادى منصوب لأنه مضاف.

يا قدس: "قدس" مرفوعة لأنها منادى مفرد وهي اسم علم.

تعانق الكنائس القديمة: تضم القدس عددًا كبيرًا من الكنائس التاريخيّة القديمة أهمها كنيسة القيامة التي بنيت فوق الجلجلة، وهي الصخرة التي يُعتقد أن المسيح صُلب عليها.

يا درب من مروا إلى السماء: في رحلة الإسراء والمعراج ذهب الرّسول محمد—صلى الله عليه وسلم—بصحبة الملاك جبريل من بلده مكة إلى بيت المقدس بفلسطين، ومن هناك صعد إلى السّماء في رحلة لزيارة الأنبياء ومشاهدة الجنة والنار كما ورد في الآية الكريمة ((سبحان الذي أسرى بعبده ليلًا من المسجد الحرام إلى المسجد الأقصى الذي باركنا حوله لنريه من آياتنا إنه هو السّميع البصير)).

الطّفل في المغارة وأمّه مريم: المقصود بالطفل هنا المسيح عليه السّلام.

استشهد السّلام: "استشهد" فعل ماضٍ مبني للمجهول مبني على الفتح، و"السّلام" نائب فاعل مرفوع.

من كل طريق آتٍ: "آتٍ" اسم فاعل من "أتى".

لن يُقفل باب مدينتنا: "يقفل" فعل مضارع مبني للمجهول منصوب بعد "لن".

التدريبات

١- أسئلة الفهم والاستيعاب:

أ ما هو موضوع القصيدة؟

ب ماذا تعرف عن المدينة التي تحدث عنها الشّاعر؟

ت من يقصد الشّاعر في قوله "بأيدينا سنعيد بهاء القدس"؟

٢- أكمل الجمل الآتية بكلمات من عندك:

أ ليلة .... هي الليلة التي زار فيها الرّسول محمد—صلى الله عليه وسلم—مدينة القدس.

ب .... المسلمون في الجامع و .... المسيحيون في الكنيسة.

ت السيد المسيح هو عيسى ابن .... وقد عاش على أرض فلسطين.

ث بدأت .... العالمية الأولى عام ١٩١٤م.

ج وقّع الرئيس أنور السادات ورئيس وزراء إسرائيل مناحِم بيجين معاهدة .... عام ١٩٧٩م في واشنطن دي سي.

٣- اختر الإجابة الصحيحة من بين الأقواس:

أ حتى تصل إلى محراب المعبد عليك أن تجتاز .... طويل.

(شارع – رواق – طريق)

ب .... جيش العدو حين رأى ضخامة عددنا وعدتنا.

(تقدم – تسلّح – تراجع)

ت تسبب الإعصار الشديد الذي ضرب المنطقة أمس في .... جميع سكانها.

(تمرّد – تشرّد – تراجع)

ث .... الأوروبيون قارة أمريكا الشمالية بعد اكتشافها مباشرة.

(ضرب – استوطن – حارب)

ج استطاع المتهم أن .... عن نفسه جيدًا في المحكمة حتى حصل على البراءة.

(يبكي – يدافع – يصلّي)

٤- صل الكلمة بعكسها:

بكاء	فتح
بهي	متشرد
حرب	كره
حب	قبيح
ساكن	ضحك
أقفل	سلام

٥- صحّح الكلمات التي تحتها خط في الجمل الآتية:

أ تُسمى المجرة التي نعيش فيها مجرة طريق التبانة.

ب يعتبر الشاعران القدس أن هو بلد السلام.

ت الكهف هي بيت يقع في جوف الجبل.

ث الخوف والفزع والغضب كلمات مترادفة.

ج اعتبر بعض اليونانيين القدماء الشعوب التي لا تتحدث لغتهم شعوب متحضرة وسموهم برابرة.

٦- استخرج من النّصّ:

٤ أسماء مكان – ٥ عبارات نداء وأعربها – أسماء الأعلام (واذكر ما تعرفه عنها) – ٦ أفعال في زمن المستقبل

٧- ضع الكلمات الآتية في جمل من عندك:

درب – رحل – تشرد – تراجع – استوطن – ساطع – دق – جياد – بهاء – أعاد

٨- ناقش المدرّس وزملاءك في رأيك في أداء المطربة والكورس للأغنية.

٩- ترجم أي قصيدة وطنيّة من لغتك الأصليّة للّغة العربيّة وقم بشرحها للمدرّس وزملائك.

٩

ماذا أقول له؟

٩

ماذا أقول له؟

١٩٦٤

كلمات: نزار قبّاني - ألحان: محمد عبد الوهاب - غناء: نجاة الصّغيرة

ماذا أَقول لَهُ لَوْ جاء يَسْأَلُني — إنْ كُنْتُ أَكْرَهُهُ أو كُنْت أَهْواه؟
ماذا أَقول إذا راحَت أَصابِعُهُ — تُلَمْلِمُ اللَّيْلَ عَنْ شَعْري وَتَرْعاه؟
وَكَيْفَ أَسْمَحُ أَنْ يَدْنو بِمَقْعَدِه؟ — وَأَنْ تَنام عَلى خَصْري ذِراعاه؟
غَدًا إذا جاء أُعْطيه رَسائِلَهُ — وَنُطْعِمُ النّار أَحْلى ما كَتَبْناه.
حَبيبَتي! هَل أَنا حَقًّا حَبيبَتُهُ؟ — وَهَل أُصَدِّقُ بَعْدَ الهَجْرِ دَعْواه؟
أَما انْتَهَتْ مِنْ سِنين قِصّتي مَعَهُ؟ — أَلَم تَمُتْ كَخُيوط الشَّمْسِ ذِكْراه؟
أَما كَسَرْنا كُؤوس الحُبِّ مِنْ زَمَنٍ؟ — فَكَيْفَ نَبْكي عَلى كَأْسٍ كَسَرْناهُ؟
رَباه ... أَشْياؤُهُ الصُّغْرى تُعَذِّبُني — فَكَيْفَ أَنْجو مِن الأَشْياء رَباه؟
هُنا جَريدَتُهُ في الرُّكْنِ مُهْمَلَةٌ — هُنا كِتابٌ مَعًا كُنّا قَرَأْناهُ.
عَلى المَقاعِدِ بَعْضٌ مِنْ سَجائِرِه — وَفي الزّوايا بَقايا مِنْ بَقاياهُ.
ما لي أُحَدِّقُ في المِرآة أَسْأَلُها — بِأَيِّ ثَوْبٍ مِنْ الأَثْوابِ أَلْقاهُ.
أَأَدَّعي أَنّني أَصْبَحْتُ أَكْرَهُهُ؟ — وَكَيْفَ أَكْرَهُ مَنْ في الجَفْنِ سُكْناه؟
وَكَيْفَ أَهْرَبُ مِنْهُ؟ إنَّهُ قَدَري — هَلْ يَمْلِكُ النَّهْرُ تَغْييرًا لِمَجْراهُ؟
أُحِبُّهُ ... لَسْتُ أَدْري ما أُحِبُّ بِهِ — حَتّى خَطاياهُ ما عادَتْ خَطاياهُ.
الحُبُّ في الأَرْضِ بَعْضٌ مِنْ تَخَيُّلِنا — لَوْ لَمْ نَجِدْهُ عَلَيْها لَاخْتَرَعْناه.
ماذا أَقول لَهُ لَوْ جاء يَسْأَلُني — إنْ كُنْتُ أَهْواهُ، إنّي أَلْف أَهْواهُ.

المفردات

what	ماذا
to say	قالَ، يَقولُ، قَوْل
if	لَو
to come	جاءَ، يَجيءُ، مَجيء
to ask	سَألَ، يَسْألُ، سُؤال
if	إنْ
to be	كانَ، يَكونُ، كَوْن
to love, like	هَوِيَ، يَهْوى، هَوى
to go, set out to do	راحَ، يَروحُ، رَواح
finger	إصْبَع ج. أَصابِع (مُؤَنَّثة)
to gather, collect	لَمْلَمَ، يُلَمْلِمُ، لَمْلمة
night	لَيْل
hair	شَعْر ج. شُعور
to care for, take care of	رَعى، يَرْعى، رَعْي/رِعاية
how	كَيْفَ
to allow, permit	سَمَحَ، يَسْمَحُ، سَماح
to come/get close	دَنا، يَدْنو، دُنُو
seat, chair	مَقْعَد ج. مَقاعِد
to sleep	نامَ، يَنامُ، نَوْم
waist	خَصْر ج. خُصور
arm	ذِراع ج. أَذْرُع

tomorrow	غَدًا
to give	أَعْطى، يُعْطي، إعْطاء
letter, message	رِسالة ج. رَسائِل
to feed	أَطْعَمَ، يُطْعِمُ، إطْعام
fire	نار ج. نيران
sweet, beautiful	حُلْو/ة
to write	كَتَبَ، يَكْتُبُ، كِتابة
beloved, darling	حَبيب/ة
interrogative word for yes/no questions	هَل
really	حَقًّا
to believe	صَدَّقَ، يُصَدِّقُ، تَصْديق
to abandon, leave	هَجَرَ، يَهْجُرُ، هَجْر/هِجْران
claim	دَعْوى ج. دَعاوى
to end	اِنْتَهى، يَنْتَهي، اِنْتِهاء
year	سَنة ج. سُنون/سَنَوات
story	قِصّة ج. قِصَص
to die	ماتَ، يَموتُ، مَوْت
thread, ray	خَيْط ج. خُيوط
sun	شَمْس ج. شُموس (مُؤَنَّثة)
memory	ذِكْرى ج. ذِكْرَيات
to break	كَسَرَ، يَكْسَرُ، كَسر
glass	كَأْس ج. كُؤوس (مؤنثة)
to love	حَبَّ، يَحِبُ، حُبّ

زَمَن ج. أَزْمان	time
بَكى، يَبْكي، بُكاء	to cry
رَبّ ج. أَرْباب	god
شَيْء ج. أَشْياء	thing
صَغير/ة	small
عَذَّبَ، يُعَذِّبُ، تَعْذيب	to pain, torture
نَجا، يَنْجو، نَجاة	to be saved, get away from
جَريدة ج. جَرائِد	newspaper
رُكْن ج. أَرْكان	corner
مُهْمَل/ة	neglected
كِتاب ج. كُتُب	book
قَرَأَ، يَقْرَأُ، قِراءة	to read
سِجارة ج. سَجائِر	cigarette
زاوية ج. زَوايا	corner, angle
بَقية ج. بَقايا	remnant
حَدَّقَ، يُحَدِّقُ، تَحْديق	to gaze
مِرآة ج. مَرايا	mirror
أَي . . . ؟	Which . . . ?
ثَوْب ج. أَثْواب، ثِياب	dress, garment
لَقِيَ، يَلْقى، لِقاء	to meet
ادَّعى، يَدَّعي، ادِّعاء	to claim
أَصْبَحَ، يُصْبِحُ، إصْباح	to become
جَفْن ج. أَجْفان	eyelid

to inhabit, dwell	سَكَنَ، يَسْكُنُ، سُكْنى
to flee, escape	هَرَبَ، يَهْرُبُ، هَرَب/هُروب
fate	قَدَر ج. أَقْدار
to be able, control	مَلَكَ، يَمْلِكُ، مِلْك/مُلْك
river	نَهْر ج. أَنْهار
to change	غَيَّرَ، يُغَيِّرُ، تَغْيير
stream, course, path	مَجْرى ج. مَجارٍ
not	لَيْسَ
to be aware, know	دَرى، يَدْري، دِراية
sin, fault	خَطيئة ج. خَطايا
to return, come back	عادَ، يَعودُ، عَوْدة
to imagine	تَخَيَّلَ، يَتَخَيَّلُ، تَخَيُّل
to invent	اِخْتَرَعَ، يَخْتَرِعُ، اِخْتِراع
thousand	أَلْف

التعليق

غنّت نجاة قصيدة "ماذا أقول له" من ديوان "الرّسم بالكلمات" لنزار قبّاني ومن ألحان الموسيقار محمد عبد الوهاب، ولأن هذه هي القصيدة الأولى للشّاعر نزار قباني في كتابنا، فيحسن بنا إلقاء نظرة على قول أحد النّاقدين عنه.

يعتبر النّاقد محمد علاء الدين عبد المولى نزار قباني من الشّعراء المجددين في الشّعر العربيّ عامة، ومن أهم ملامح التّجديد في شعره علاقة الشّعر بالمرأة. فالمرأة قبل نزار كانت تُقدَّم بصورة غائمة وضبابيّة، بحيث تظهر وكأنها شيء أو موضوع لا ملامح ولا علامات فارقة له، ولم يمكن للمتلقي تخيل وجود المرأة بصورة ملموسة ومدركة، إذ ثمة فجوة حادة بين صورة المرأة الحقيقيّة كما يتعايش معها الرجل وصورتها الشّعريّة المفارقة للواقع. ومن هنا كان نزار أول شاعر عربيّ ينقل العلاقة مع المرأة في الشّعر إلى فضاء مبتكر وأرض جديدة، إذ أطاح بتمثال المرأة وأسقط عنها كل قناع وحجاب ممكن، ليظهرها على أنها

جزء من حياتنا التي نعيشها ونعانيها، وبذا اقترب من تفاصيلها ونثرياتها ولغتها اليوميّة، وكان هذا بمثابة ثورة في الشّعر العربيّ، صاحبت هذه الثّورة لغة جديدة لا تخضع لمألوف المتلقي العادي وأعرافه المستقرّة ولا تخضع للنّمط الشّعري المتداول بين أوساط الشّعراء.

مما سبق ومن هذه الزّاوية يمكننا أن نفهم قصيدتنا المنطلقة على لسان امرأة، الأمر الذي ليس بجديد على نزار قبّاني الذي اهتم بتحليل نفسيّة المرأة واستنطق المشاعر المتوافقة المتناقضة المكنونة في أعماقها على لسانها هي نفسها.

إذ تتساءل بطلة قصيدتنا ماذا تقول لحبيبها الذي هجرها وتخلّى عنها إن عاد وسألها إن كانت تكرهه أم تحبّه، ماذا تقول لو فعل معها كما كان يفعل من قبل من تدليله لها وجلوسه بجوارها واضعًا ذراعيه على خصرها. وتقرر في نفسها أن ترجع رسائله إليه حين يجيء في اليوم التالي أو حتى أن يحرقا أجمل ما كتبا. وتتحدث كما لو كان قد أرسل لها يخبرها بعودته في يوم موعود ملقبًا إياها بحبيبته، فتتساءل أيضًا إذا كانت ما زالت حقًا حبيبته، وهل تصدقه بعد هجره لها، هجره الذي دام سنين، فقد انتهت قصّة حبهما في رأيها، انتهت بقرار منه في البداية وتسليم بالأمر منها بعد ذلك.

ويتبين أنها لم تتخلّص بعد من أشيائه في بيتها حتى صغراها رغم معاناتها من رؤيتها، فكأن حبّها له طغى على كل ألم تشعر به، فهنا جريدته وهنا كتاب قرآه معًا، وعلى المقاعد ما زالت تبقى بعض من سجائره، حتى في زوايا البيت ما زال يبقى شيء منه.

ورغم الألم الذي ألمّ بها بعد هجره لها، ورغم السّنين الطّوال، ورغم قرارها بِردّ رسائله إليه، وجدت نفسها تطيل النّظر في المرآة وتبحث عن أجمل ثوب تلقاه به، فتسأل نفسها إن كانت بحقّ تكرهه، فهل يجوز لها أن تكره من يسكن بين جفون عينيها، كيف تهرب من قدرها، إذا كان النّهر لا يقدر على تغيير مجراه فكيف تقدر هي على التّوقّف عن حبّه.

فتقرر إنّها تحبّه، نعم تحبّه، لا تعرف لما تحبّه وماذا تحبّ به، لكنها تحبّه، حتى انمحت كل خطاياه عندها وغفرت له كل شيء. وتنهي حديثها بأن تعلن أن الحبّ هو بعض من خيال الإنسان، من صنيعه، لو لم يوجد على الأرض بالفعل لاخترعه، اخترعه ليحيا به. وتسأل نفسها لآخر مرة ماذا تقول له لو جاء يسألها، تقول له الحقيقة، إنها تحبّه، لا تحبّه فقط، بل تعشقه.

وتذكرنا هذه النّهاية السّعيدة بنهاية قصيدة "أيظن" لنفس الشّاعر ونفس الملحن ونفس المطربة:

كم قلت أني غير عائدة له ... ورجعت ... ما أحلى الرجوع إليه!

وما أحلى النّهايات السّعيدة لقصص الحبّ الحزينة! ما أحلى النّهايات السعيدة إذا كانت ممكنة!

وكما انتصر نزار قباني للحبّ في نهاية القصيدة فقد فعل شعراء آخرون، نذكر منهم حسين السّيد في أغنيته بالعاميّة المصريّة "بعمري كله حبيتك" من غناء وردة حين قال:

وهجرتني من بعد كل الحب ده ... وجرحتني وكان العشم فيك غير كده
جاي النهار دا تقول لي أسامحك ... ونسيت تقول لي إزاي أنسى جرحك
أنا أنا هسامحك علشان شفت ... معاك أسعد أيام عمري
أنا أنا هسامحك علشان عهد ... هواك كان فجري وشمسي وقمري

ملاحظات

ماذا أقول له لو جاء يسألني: فعل الشّرط "جاء" ماضٍ حتى لو كان المعنى في المستقبل، وجواب الشّرط "أقول" مضارع، وهذه هي إحدى حالات أسلوب الشّرط.

إن كنت أكرهه أو كنت أهواه: للتّعبير عن احتمالية حدوث الفعل وعدم معرفتنا بتحقّقه، نستخدم التّركيب: أداة الشّرط (إن/إذا) + كان في الماضي + الفعل الرّئيسي في أي زمن، ولكن إذا كان الفعل الرّئيسي في الماضي يسبقه "قد." مثل:

- لا أعرف **إذا كان قد التحق** بكلية الآداب أم بكلية التربية.
- سألني المعلم **إن كنت سأدرس** الفصحى أم العامية.
- من يدري **إن كانت تحبني** (أم لا).
- سألني **إذا كانت قادمة** (أم لا).
- لم أقرر بعد **إن كنت سأكتب** الكتاب (أم لا).
- لسنا متيقنين **إن كانت ستتعافى** من المرض (أم لا).
- لا أدري **إذا كان يجب علينا** إخباره بالحقيقة أم نخفي الأمر عنه.

راحت أصابعه تلملم: "راح" فعل ماضٍ ناقص ملحق بأخوات كان. ناقص لأنه لا يتم معناه إلا بخبر، وقد يكون الخبر اسم أو صفة أو فعل. لذا إذا قلنا "راحت أصابعه" فقط لا يتم المعنى ويتم هنا بفعل "تلملم." مثل: كان يعاني من الأرق **فراح يقرأ** الكتب حتى الصّباح.

غدًا إذا جاء أعطيه رسائله: استخدم الشّاعر مرة ثانية فعل الشّرط في الماضي وجوابه في المضارع.

ماذا أَقول إذا راحَت أَصابِعُهُ تُلَمْلِمُ اللَّيْلَ عَنْ شَعْري وَتَرْعاه؟ وَكَيْفَ أَسْمَحُ أَنْ يَدْنو بِمَقْعَدِه؟ وَأَنْ تَنام عَلى خَصْري ذِراعاه؟: البيتان يعطيان لنا صورة بصرية كاملة، فوصف الشّاعر يجسد لنا الموقف ويمنحنا القدرة على رؤية كيف كان حبهما من قبل وماذا كانا يفعلان معًا وماذا تتوقع هي أن يفعل معها حين يعود إليها.

هنا جريدته في الركن مهملة هنا كتاب معًا كنا قرأناه: في الواقع، يتميز نزار قباني بالتركيز على توضيح ثقافة أبطال قصائده في أشعاره وربما يعكس هذا شخصيته المطّلعة المثقفة كونه دبلوماسي وكاتب سياسيّ، فكثيرًا ما نقابل مفردات مثل: "جرائد" و"كتب" و"دفاتر" و"أقلام" في أشعاره. ففي القصيدة هنا قرأ بطلها كتابًا مع حبيبته وهو معتاد على قراءة الجرائد. وفي قصيدة "مع الجريدة" التي غنّتها ماجدة الرّومي، يقول: "خرج من معطفه الجريدة وعلبة الثقاب." وفي قصيدة "أشهد" التي لحّنها وغنّاها كاظم السّاهر، يقول: "أشهد ألا امرأة قلمت أظافري ورتبت دفاتري."

الحُبُّ في الأَرْضِ بَعْضٌ مِنْ تَخَيُّلِنا لَوْ لَمْ نَجِدْهُ عَلَيْها لاَخْتَرَعْناه: هو بيت شعر يجري مجرى الحكمة، فهو لا يختصّ بموضوع القصيدة هنا فقط، بل من الممكن أن ينسحب معناه على موضوع الحبّ عامة، فالحبّ مهم وضروريّ للإنسان والحياة، ولو لم يجده الإنسان على الأرض لاخترعه. وقد اشتهر الشّعراء العرب بتضمين قصائدهم أبياتًا لها طابع الحكم والأمثال، كقول المتنبي (٩١٥-٩٦٥م):

ما كل ما يتمنى المرء يدركه	تجري الرياح بما لا تشتهي السّفن
إذا رأيت نيوب الليث بارزة	فلا تظنن أن الليث يبتسم

إذا أنت أكرمت الكريم ملكته   وإن أنت أكرمت اللئيم تمرد

وقول أبي تمام (٧٨٨ – ٨٤٥م):

فلا تأمن الدّنيا إذا هي أقبلت   عليك فما زالت تخون وتدبر

وما نفع من قد مات بالأمس صاديًا   إذا ما سماء اليوم طال انهمارها

ونقل فؤادك حيث شئت من الهوى   ما الحب إلا للحبيب الأول

التدريبات

١- أسئلة الفهم والاستيعاب:

أ - هل يتحدّث الشّاعر في هذه القصيدة عن نفسه وحبيبته؟ وكيف عرفت؟

ب - اشرح موضوع القصيدة.

ت - ما رأي الشّاعر في الحبّ؟

٢- أكمل الجمل الآتية بكلمات من عندك:

أ - يقصد الشّاعر بخيوط الشّمس _____ .

ب - كل يوم أقرأ الجريدة ثم أضعها في أي _____ في الغرفة.

ت - لا أحب دخان _____ لذلك لا أجلس في مقاهٍ.

ث - لا يوجد إنسان لم يرتكب _____ فكلنا مخطئون ولو قليلًا.

ج - ألفريد نوبل هو الذي _____ الدّيناميت.

٣- اختر الإجابة الصحيحة من بين الأقواس:

أ - لم _____ أحد من هذا القصر بعد وفاة صاحبه.

(يرنُ – يدنُ – يجنِ)

ب - رقصت مع حبيبتي ووضعت يديّ على _____ ، وكانت أحلى رقصة في حياتي.

(ظهرها – رأسها – خصرها)

ت - جلسنا على الرّمل في الصّحراء وأشعلنا نارًا و _____ خشبًا للتّدفئة.

(وضعناها – أطعمناها – ولّعناها)

ث - لقد تركت البيت الذي ولدت فيه من _____ حتى لم أعد أذكره جيدًا.

(قرن – زمن – أيام)

ج قال السّجين إن مأمور السّجن قد .... وأهانه.
(شاركه – عذّبه – أطعمه)

٤- صِل الكلمة بعكسها:

كَرِه	بَعُدَ
دنا	اعتنى
صدّق	هوى
بدأ	كذّب
أهمل	انتهى

٥- صحّح الكلمات التي تحتها خط في الجمل الآتية:

أ طول هذه النّخلة عشرون يدًا.

ب أرسلتُ جوابًا لصديقي عبر البريد الإلكترونيّ.

ت معظم النّاس يشربون النّبيذ في أكواب.

ث نصحت وزارة الصحة بكتابة جملة "التّدخين ضار جدًا بالصحة" على علب الجبن المدخّن.

ج تسوّقت الفتاة واشترت هاتفًا جديدًا لترتديه في العيد.

٦- استخرج من النّصّ:

٢٠ فعلًا مضارعًا – فعلًا مضارعًا مجزومًا ووضّح سبب الجزم – صفة في صيغة أفعل التفضيل – فعل مقترن بألف الاستفهام

٧- ضع الكلمات الآتية في جمل من عندك:

رعى – هجر – نجا – ادّعى – حدّق – جفون – تَخَيُّل

٨- ناقش المدرّس في رأيك في موضوع القصيدة ووضّح ماذا تفعل لو كنت في مكان بطلة القصيدة.

١٠

لا تسألوني ما اسمه حبيبي

١٠
لا تسألوني ما اسمه حبيبي
١٩٦٦

كلمات: نزار قبّاني - ألحان: الأخوين رحباني - غناء: فيروز

لا تَسْأَلوني ما اِسْمُهُ حَبيبي
أَخْشى عَلَيْكُم ضَوْعَةَ الطُيوبِ.
وَاللّهِ لَو بُحْتُ بِأَيِّ حَرْفٍ
تَكَدَّسَ اللَّيْلَكُ في الدُّروبِ.
تَرَوْنَهُ في ضِحْكَةِ السَّواقي،
في رَفَّةِ الفَراشَةِ اللَّعوبِ،
في البَحْرِ، في تَنَفُّسِ المَراعي،
وفي غِناءِ كُلِّ عَنْدَليبِ،
في أَدْمُعِ الشِّتاءِ حينَ يَبْكي،
وفي عَطاءِ الدّيمَةِ السَّكوبِ.
مَحاسِنُ لا ضَمَّها كِتابُ
ولا ادَّعَتْها ريشَةُ الأَديبِ.
لا تَسْأَلوني ما اِسْمُهُ... كَفاكُمْ
فَلَنْ أَبوحَ بِاسْمِهِ حَبيبي

المفردات

to ask	سَأَل، يَسْأَلُ، سُؤَال
name	اسْم ج. أَسْماء
darling, beloved	حَبيب ج. أَحِبّاء، أَحِبّة، أَحْباب
to fear, be afraid	خَشِيَ، يَخْشَى، خَشْية
diffusion, emanation	ضَوْعة
goodness, pleasant fragrance	طِيب ج. طُيوب، أطياب
to reveal	باح ، يَبوح، بَوْح
any	أَي
letter	حَرْف ج. حُروف
to pile up	تَكَدَّسَ، يَتَكَدَّسُ، تَكَدُّس
lilac	لَيْلَك
road	دَرْب ج. دُروب
to see	رَأَى، يَرى، رُؤْية
laughter	ضِحْكة ج. ضِحْكات
waterwheel	ساقية ج. سواقٍ
flutter	رَفّة ج. رفات
butterfly	فَراشة ج. فراشات
playful	لَعوب
sea	بَحْر ج. بُحور، بحار
breathing	تَنَفُّس
pasture, meadow	مَرْعى ج. مَراعٍ

غِناء	singing
عَنْدَليب ج. عَنادِل	nightingale
دَمْعة ج. دَمْعَات، دَمْع/أَدْمُع/دُموع	tear
شِتاء	winter
حين	when
بَكى، يَبْكي، بُكاء	to cry
عَطاء	offer, present, gift
ديمة ج. ديمات/دِيَم	continuous rain
سَكوب	pouring
مَحْسَنة ج. مَحاسِن	pleasant and charming feature
محاسن	charms, merits
ضَمَّ، يَضُمُّ، ضَمّ	to contain, include
اِدَّعى، يَدَّعي، اِدِّعاء	to claim
ريشة ج. ريشات	quill pen
أَديب ج. أُدَباء	literary writer

التعليق

غنت فيروز "لا تسألوني ما اسمه حبيبي" من كلمات نزار قبّاني وألحان الأخوين رحباني. وفي هذه القصيدة يطلب الشّاعر من الناس ألّا يسألوه عن اسم حبيبه، ويعمد الشّاعر إلى استخدام الأسلوب غير المباشر في وصف جمال وروعة حبيبه، فيبرر لهم طلبه منهم ألا يسألوه عن اسم حبيبه بأنه يخشى عليهم من شدة رائحة العطر التي تفوح إن ذُكر اسمه. ويوغل الشّاعر في هذا المعنى أو ربما يشرحه أكثر ويقول إنه لو باح بحرف واحد من اسم حبيبه لتراكمت زهور الليلك في كل مكان، كأن حبيبه ليس إنسانًا عاديًا ومجرد ذكر اسمه يحدث ظواهر ميتافيزيقيّة (metaphysical). ويدلهم على حبيبه إذا أرادوا أن يعرفوه بأنّهم يمكنهم أن يروه في ضحكة السّواقي وحركة الفراشة في طيرانها ومرحها،

وفي البحر، وفي المراعي، وفي تغريد العنادل، وليس فقط في مظاهر الطّبيعة المبهجة، بل في مظاهرها الحزينة أيضًا، فيستطيعون أن يروه في قطرات مطر الشّتاء الحزين وأمطاره الشّديدة. وإجمالًا لقوله يذكر أنّ لحبيبه محاسن لم يتناول مثلها كتاب ولا خطّ مثلها قلم أديب من قبل، أي أن حبيبه لا يشبه أي شخصيّة أدبيّة حقيقيّة أو خياليّة تحدّث عنها كاتب من قبل. ويختتم قصيدته بمثل ما بدأ وهو كتم اسم حبيبه وعدم البوح به أبدًا.

وكم كان أسلوب نزار بديعًا حين أرانا جمال حبيبه في مظاهر الطّبيعة الغنّاء! وهذا دليل على إنّه نفسه يراه في كل هذه المظاهر، ولأن حبيبه يمثّل له كل شيء فهو يراه في مظاهر الطّبيعة حين يكون حزينًا أيضًا.

غدت قصيدة "لا تسألوني ما اسمه حبيبي" بمفرداتها وأوصافها وتعبيراتها قطعة فنيّة رومانسيّة جديرة بأن تُغنّى وجديرة بأن تُسمع مرّات ومرّات، فكم كان خيال نزار واسعًا وثريًا حين جمع في قصيدة واحدة مفردات مثل "ضوعة الطّيوب" و"الليلك" و"ضحكة السّواقي" و"رفة الفراشة" و"البحر" و"تنفّس المراعي" و"غناء العندليب" و"أدمع الشّتاء" و"الدّيمة السّكوب" في وئام وانسجام تام! وكانت كل تشبيهاته مركّبة وكأنّه يرسم لوحة فنيّة ويضيف ألوان على الألوان ومناظر على المناظر، فهو لا يقول فقط حركة السّواقي بل شبّه حركة السّواقي بالضحكة، ولم يكتفِ فقط بقول "رفة الفراشة،" ولو قال لظلّت صورة جميلة يشبّه بها جمال حبيبته، لكنه أضاف جمالًا للجمال وقال "رفة الفراشة اللعوب" أي الفراشة التي تلعب وتطير فتقترب من كل شيء وتبتعد في مداعبة ولهو، ولم يكتفِ بقول "في البحر في المراعي" بل حين قال "تنفّس المراعي" عرض لخيالنا صورة المراعي تتنفّس، وصوّر لنا الشّتاء إنسانًا يبكي وقطرات مطره دموع وشبّه هطول أمطاره بالعطاء المتواصل، وهو يرى في كل هذه المشاهد صورة حبيبه. هذا هو المثل الأعلى للشّعر والشّعراء الصور الخياليّة الجميلة، المفردات المعبّرة، التّعبيرات الملائمة لروح النّصّ، والموسيقى الرائعة تنساب من البحر الشّعري المختار يجمع كل ذلك تناغم يجعل منها قطعة فنية جميلة كما قلنا.

ملاحظات

لو بحث بأي حرف تكدّس الليلك: هنا فعل الشّرط "بحث" وجواب الشرط "تكدّس" جاءا في زمن الماضي، إحدى حالات أسلوب الشّرط.

لا تسألوني: "لا" أداة نهي تجزم الفعل المضارع لذا فـ"تسألوني" فعل مضارع مجزوم بحذف حرف النّون، فأصلها لا تسألونني وحذفت النون الأولى للجزم.

محاسن لا ضمّها كتاب ولا ادّعتها ريشة الأديب: من المعروف أن نفي الفعل الماضي يتم باستخدام أداة النّفي "ما"، لكن يمكننا أن ننفي الماضي بالأداة "لا" مع فعل معطوف أو إذا أتت متكرّرة، مثل: "لا زرته أنا ولا زارني هو،" أو "لا أكلت طعامًا ولا شربت ماءً." لذا يستقيم المعنى هنا وتصح الجملة نحويًا لأن "لا" تأتي مكررة.

فلن أبوح باسمه حبيبي: "أبوح" فعل مضارع منصوب بعد "لن" وعلامة نصبه الفتحة.

التدريبات

١- أسئلة الفهم والاستيعاب:

أ لماذا لا يريد الشّاعر ذكر اسم حبيبته؟

ب ماذا تمثّل حبيبة الشّاعر له؟ وكيف عرفت؟

ت هل لجمال حبيبة الشّاعر شبه؟ وما الدّليل؟

٢- أكمل الجمل الآتية بكلمات من عندك:

أ بعض النّاس يضعون .... على ملابسهم قبل الخروج.

ب لقّب المصريون المطرب عبد الحليم حافظ بـ .... الأسمر لحسن صوته.

ت قبل أن يكتب النّاس بالقلم كانوا يكتبون بـ ....

ث قال البطل المؤمن: أنا لا .... إلا ربي الذي خلقني.

ج أحب مشاهدة .... الملونة وهي تطير فوق الزهور.

٣- اختر الإجابة الصحيحة من بين الأقواس:

أ أخيرًا .... حبيبي بحبه لي.

(راح – باح – سأل)

ب تكدّس البضاعة عند بائعها دليل على ....

(خسارته – مكاسبه – ذكائه)

ت تُسمى حركة الطيور في الهواء بخفة ....

(ضوعة – رفّة – ديمة)

ث لقد سُحرت بـ .... العطر الذي وضعه حبيبي.

(ضوعة – ريشة – تنفّس)

ج لون زهرة .... وردي أو أرجواني وأحيانًا أبيض.

(الياسمين – البنفسج – الليلك)

٤- صل الكلمة بعكسها:

باح	برّ
أخذ	كتم
محاسن	جاد
لعوب	مساوئ
بحر	عطاء

٥- صحّح الكلمات التي تحتها خط في الجمل الآتية:

أ   لقد اعترفت لابني بكل شيء وكتمت له بكل أسراري.

ب   ما كنت أدري أنها امرأة وقورة تبدّل الرجال كما تبدّل فساتينها.

ت   اهتمّت الحكومة بتوسيع الملاهي لتربية عدد أكبر من الحيوانات.

ث   كان طه حسين شاعرًا مصريًا شهيرًا.

ج   احتوى وشمل وتناول مترادفات لمعنى واحد.

٦- استخرج من النّصّ:

أسلوب نهي (ووضّح سبب النهي) – صفتين على وزن فعول – مصدرين ينتهيان بـ
(ة) – ٣ مصادر

٧- ضع الكلمات الآتية في جمل من عندك:

تكدّسَ – لعوب – ادّعى – أديب – باح – طيوب

٨- ناقش المدرّس في رأيك في موضوع الأغنية واختيار الشّاعر لمفردات
قصيدته.

١١

مدرسة الحب

١١
مدرسة الحب
١٩٩٧

كلمات: نزار قبّاني - ألحان وغناء: كاظم السّاهر

عَلَّمَني حُبُّكِ أَنْ أَحْزَنَ، وَأَنا مُحْتاجٌ مُنْذُ عُصور

لامْرَأَة تَجْعَلُني أَحْزَنُ، لامْرَأَة أَبْكي فَوْقَ ذِراعَيْها مِثْلَ العُصْفور،

لامْرَأَة تَجْمَعُ أَجْزائي كَشَظايا البَلُّور المَكْسور.

عَلَّمَني حُبُّكِ سَيِّدَتي أَسْوَأَ عادات،

عَلَّمَني أَفْتَحُ فِنْجاني في اللَّيْلَة آلافَ المَرات،

وَأُجَرِّبُ طِبَّ العَطَّارينَ وَأَطْرُقُ بابَ العَرَّافات.

عَلَّمَني أَخْرُجُ مِن بَيْتي لأُمَشِّطَ أَرْصِفَة الطُّرُقات،

وَأُطارِدُ وَجْهَكِ في الأَمْطارِ وفي أَضْواءِ السَّيّارات،

أَلْمَلِمُ مِنْ عَيْنَيْكِ مَلايينَ النَّجْمات.

يا امْرَأَةً دَوَّخَتِ الدُّنْيا، يا وَجَعي يا وَجَعَ النّايات.

أَدْخَلَني حُبُّكِ سَيِّدَتي مُدُنَ الأَحْزان،

وَأَنا مِن قَبْلِكِ لَمْ أَدْخُل مُدُنَ الأَحْزان،

لَمْ أَعْرِفْ أَبَدًا أَنَّ الدَّمْعَ هُوَ الإِنْسان،

أَنَّ الإِنْسانَ بِلا حُزْنٍ ذِكْرى إِنْسان.

عَلَّمَني حُبُّكِ أنْ أَتَصَرَّفَ كَالصِبْيان،
أَنْ أَرْسُمَ وَجْهَكِ بِالطَّبْشورِ على الحيطان.
يا امرأةً قَلَبَتْ تاريخي إنّي مَذْبوحٌ فيكِ
مِنَ الشِّرْيان إلى الشِّرْيان.
عَلَّمَني حُبُّكِ كَيْفَ الحُبُ يُغَيِّرُ خارِطة الأَزْمان،
عَلَّمَني أَني حينَ أُحِبُ تَكُفُ الأَرْضُ عَن الدَّوَران.
عَلَّمَني حُبُّكِ أَشْياءً ما كانَت أَبَدًا في الحُسْبان،
فَقَرَأْتُ أَقاصيصَ الأَطْفال،
دَخَلْتُ قُصورَ مُلوكِ الجَان،
وَحَلِمْتُ بِأَنْ تَتَزَوَّجَني بِنْتُ السُّلْطان.
تِلْكَ العَيْناها أَصْفى مِنْ ماء الخُلْجان،
تِلْكَ الشَّفَتاها أَشْهى مِنْ زَهْرِ الرُّمّان.
وَحَلِمْتُ بِأَنّي أَخْطِفُها مِثْلَ الفُرْسان،
وَحَلِمْتُ بِأَنّي أُهْدِيها أَطواقَ اللُّؤْلُؤِ وَالمَرْجان.
عَلَّمَني حُبُّكِ يا سَيِّدَتي ما الهَذَيان.
عَلَّمَني كَيْفَ يَمُرُّ العُمْرُ ولا تَأْتي بِنْتُ السُّلْطان.
أَدْخَلَني حُبُّكِ سَيِّدَتي مُدُنَ الأَحْزان،
وَأَنا مِن قَبْلِكِ لَمْ أَدْخُل مُدُنَ الأَحْزان،
لَمْ أَعْرِفْ أَبدًا أَنَّ الدَّمْعَ هُوَ الإنْسان،
أَنَّ الإنْسانَ بِلا حُزْنٍ ذِكْرى إنْسان.

المفردات

to teach	عَلَّمَ، يُعَلِّمُ، تَعْليم
to love	حَبَّ، يَحِبُّ، حُبّ
to be sad	حَزِنَ، يَحْزَنُ، حُزْن
in need	مُحْتاج/ة
since, for	مُنْذُ
age	عَصْر ج. عُصور
woman	امْرَأة ج. نِساء
to make, let	جَعَلَ، يَجْعَلُ، جَعْل
to cry	بَكى، يَبْكي، بُكاء
arm	ذِراع ج. أَذْرُع
like, as	مِثْلَ
sparrow	عُصْفور ج. عَصافير
to gather, collect	جَمَعَ، يَجْمَعُ، جَمْع
splinter, fragment	شَظِيَّة ج. شَظايا
crystal	بلّور
broken	مَكْسور/ة
lady	سَيِّدة ج. سيدات
to open	فَتَحَ، يَفْتَحُ، فَتْح
to try	جَرَّبَ، يُجَرِّبُ، تَجْريب
medicine	طِبّ
spice and perfume dealer	عَطّار ج. عَطّارون

to knock	طَرَقَ، يَطْرُقُ، طَرْق
door	باب ج. أَبْواب
female fortuneteller	عَرّافة ج. عرافات
to go out, exit	خَرَجَ، يَخْرُجُ، خُروج
home, house	بَيْت ج. بُيوت
to comb, search thoroughly	مَشَّطَ، يُمَشِّطُ، تَمْشيط
pavement	رَصيف ج. أَرْصِفة
road	طُرْقة ج. طُرْقات
to chase	طارَدَ، يُطارِدُ، مُطارَدة
face	وَجْه ج. وُجوه
rain	مَطَر ج. أَمْطار
light	ضَوْء ج. أَضْواء
car	سَيّارة ج. سيارات
to gather, collect	لَمْلَمَ، يُلَمْلِمُ، لَمْلَمة
eye	عَيْن ج. عُيون (مؤنثة)
million	مِليون ج. مَلايين
star	نَجْمة ج. نجمات
to make dizzy or weary, to confuse	دَوَّخَ، يُدَوِّخُ، تَدْويخ
world	دُنيا ج. دُنَى، دُنْيَيات
pain	وَجَع ج. أَوْجاع
ney (a Middle Eastern flute)	ناي ج. نايات
to let in, bring in	أَدْخَلَ، يُدْخِلُ، إدْخال
city	مَدينة ج. مُدُن، مَدائِن

to know	عَرَفَ، يَعْرِفُ، مَعْرِفة
tear	دَمْعة ج. دَمْعات، دَمْع، أَدْمُع، دُموع
human being	إنْسان ج. أُناس
memory	ذِكْرى ج. ذِكْرَيات
to behave	تَصَرَّفَ، يَتَصَرَّفُ، تَصَرُّف
boy	صَبِي ج. صِبْيان، صِبْية
to draw	رَسَمَ، يَرْسُمُ، رَسْم
chalk	طَبْشور ج. طَباشير
wall	حائط ج. حيطان، حَوائط
to reverse, overturn, invert	قَلَبَ، يَقْلِبُ، قَلْب
history, date	تاريخ ج. تَواريخ
slaughtered, slain	مذبوح/ة
artery	شِرْيان ج. شَرايين
how	كَيْفَ
map	خارِطة
time	زَمَن ج. أَزْمان
when	حينَ
to cease, stop	كَفَّ، يَكُفُّ، كَفّ
land, ground	أَرْض ج. أَراضٍ (مؤنثة)
to revolve, go around	دارَ، يَدورُ، دَوَران
thing	شَيْء ج. أَشْياء
to be	كانَ، يَكونُ، كَوْن
consideration, calculation	حُسْبان

to read	قَرَأَ، يَقْرَأُ، قِراءة
tale, novella	أُقْصوصة ج. أَقاصيص
child	طِفْل ج. أَطْفال
to enter, go in	دَخَلَ، يَدْخُل، دُخول
palace	قَصْر ج. قُصور
king	مَلِك ج. مُلوك
jinn, demons	جان
to dream	حَلَمَ، يَحْلُمُ، حُلْم
to get married	تَزَوَّجَ، يَتَزَوَّجُ، تَزَوُّج
daughter, girl	بِنْت ج. بَنات
sultan	سُلْطان ج. سَلاطين
pure, clear	صافٍ/صافِية
water	ماء
gulf	خَليج ج. خُلجان، خُلُج
lip	شَفة ج. شِفاه
desirable, appetizing, pleasant	شَهِي/ة
pomegranate blossom	زَهْر الرُّمّان
to kidnap	خَطَفَ، يَخْطِفُ، خَطْف
knight	فارِس ج. فُرْسان
to present a gift	أَهْدى، يُهْدي، إِهْداء
necklace	طَوْق ج أَطْواق
pearl	لؤلؤة، لُؤْلُؤ ج. لآلئ
coral	مَرجانة ج. مَرْجان

هَذَيان	delirium
مَرَّ، يَمُرُّ، مَرّ/مُرور	to pass, cross
عُمْر ج. أَعْمار	age
أَتى، يَأْتي، إِتْيان	to come

التعليق

غنى المطرب العراقيّ كاظم الساهر في أغنيّة "مدرسة الحبّ" عام ١٩٩٧ أبياتًا مقتطفةً من "قصيدة الحزن" إحدى قصائد ديوان "قصائد متوحشة" الصّادر عام ١٩٧٠ من أعمال الشّاعر السوري نزار قبّاني.

وفي هذه القصيدة يوجّه الشّاعر حديثه إلى حبيبته ويخبرها أن حبها هو ما جعله يحزن وقد كان في انتظار امرأة تجعله يحزن، ويبدو ضعيفًا حين يقول "أبكي فوق ذراعيها مثل العصفور." وضعف الرّجل مع المرأة التي يحبّها والعكس صورة دائمًا نجدها جليّة في أعمال نزار قبّاني، وهو ليس ضعيفًا فحسب بل قد كسره عشقه لحبيبته.

الحديث بعد هذه المقدمة واضح ومباشر أقرب إلى لغة الحديث اليوميّ من لغة الشعر، فتعبيرات مثل "أسوأ عادات" و"أفتح فنجاني" و"أجرّب طبّ العطارين" و"أضواء السّيارات" و"دوّخت الدّنيا" كلّها تعبيرات قد تجد من يقولها في البيت وفي الشّارع في الأحاديث اليوميّة العادية.

ويسرد ويعدّد الشّاعر العادات السّيئة التي علّمه إياها حبّه لهذه المرأة، وهي لجوؤه للخرافات والسحر والتيه في الشّوارع والتّصرّفات الصّبيانيّة كرسم وجهها بالطّبشور على الحيطان وقراءة قصص الأطفال والاستغراق في الأحلام التي تبعثها هذه القصص، فأخذت عشيقته عنده صورة بنت السّلطان الثّرية الجميلة السّاحرة الرّائعة وماثل نفسه بالفارس الذي يأتي مسرعًا على حصان حاملًا هداياه لها من عالم سحري ناءٍ، هدايا لا مثيل لها في عالمنا كأطواق اللؤلؤ والمرجان. ولكنه يصحو من أحلامه على الواقع الحزين الكئيب، فقد علّمه حبّها أن العمر قد يمرّ ولا تأتي بنت السّلطان أبدًا عكس ما تخبرنا به قصص الأطفال الخياليّة البريئة.

ويتميز نزار قبّاني بأنه حين يتحدّث عن تجربة عاطفيّة لا يحصر أفكاره وكلماته في تلك التجربة بل يعلّق على قضايا إنسانيّة بحتة ويركّز ما يريد أن يقوله فيما يشبه الحكمة، فيقول في آخر بيتين في القصيدة:

لم أعرف أبدًا أن الدّمع هو الإنسان،
أن الإنسان بلا حزن ذكرى إنسان.

فهو قد انتهى إلى أن الحزن قدر الإنسان في الحياة الدّنيا، ربما يعمّق إنسانيته، يعطي إنسانيته معنى، يجعله ناقصًا فلا يخرج عن إطاره كإنسان عاجزٍ عن تحقيق كل ما يريد، أو يعلّمه الحكمة فيصبح بالمعنى الحقيقي إنسانًا.

ومن الأفكار الشّائعة الورود في قصائد نزار والتي نجدها هنا أيضًا فكرة احتساب رجل لحياته وتاريخه من يوم لقائه بحبيبته وربط حبّه للمرأة بتاريخ وعمر العالم الذي نعيش فيه. فنجد هذه الأفكار ظاهرة في أبياته من القصيدة الحالية:

يا امرأةً قَلَبَتْ تاريخي إِنّي مَذْبوحُ فيكِ
مِنَ الشِّرْيان إلى الشِّرْيان.
عَلَّمَني حُبُّكِ كَيْفَ الحُبُ يُغَيِّرُ خارِطة الأَزْمان،
عَلَّمَني أَني حينَ أُحِبُ تَكُفُ الأَرْضُ عَن الدَّوَران.

وفي أبيات من قصيدة "أشهد":

أشهد ألا امرأة على محيط خصرها
تجتمع العصور وألف كوكب يدور...

وفي أبيات من قصيدة "قولي أحبك":

سأغير التقويم لو أحببتني،
أمحو فصولًا أو أضيف فصولًا.
وسينتهي العصر القديم على يدي
وأقيم عاصمة النساء بديلًا.

وفي أبيات من قصيدة "زيديني عشقًا":

حبك خارطتي ما عادت خارطة العالم تعنيني

...

من أجلك أعتقت نسائي وتركت التّاريخ ورائي
وشطبت شهادة ميلادي وقطعت جميع شراييني

وفي أبيات من قصيدة "حافية القدمين":

هل عندك شك أن دخولك في قلبي
هو أعظم يوم بالتّاريخ وأجمل خبر في الدّنيا.

ملاحظات

يا امرأةً دوّخت الدنيا: (امرأةً) منادى منصوب وعلامة نصبه الفتحة لأنها موصوفة بجملة (دوخت الدنيا). مثل: يا طالبًا درس كثيرًا.

يا وجعَ النّايات: (وجع) منادى منصوب وعلامة نصبه الفتحة لأنها منادى مضاف. مثل: يا زهرةَ المدائن.

التدريبات

١- أسئلة الفهم والاستيعاب:

أ اشرح موضوع النّصّ.

ب ماذا فعل الحب بالشّاعر؟

ت كيف وصف الشّاعر نفسه في قصّة الحبّ هذه؟

٢- أكمل الجمل الآتية بكلمات من عندك:

أ استيقظت في الصّباح اليوم على زقزقة _____ .

ب لكل شعب _____ وتقاليد يريد أن يحافظ عليها قدر الإمكان.

ت _____ هم من يبيعون العطور والبخور والتّوابل.

ث قبل أن نكتب على السّبورة بالقلم كنا نكتب بـ _____ .

ج هناك من يعصرون زهر _____ ويشربونه شرابًا لذيذًا.

٣- اختر الإجابة الصحيحة من بين الأقواس:

أ أمس نمت بين _____ حبيبي، كم كنت مطمئنة معه!
(قدمي – ذراعي – يدي)

ب يعتقد المسلمون بوجود ملائكة و _____ .
(جان – طيور – عرائس البحر)

ت للأسف لم يكن في _____ كل ما حصل.
(خارطتي – حسباني – أحزاني)

ث من أعراض مرض الحمّى _____ .
(الهذيان – الجنون – الدوران)

ج كان القدماء لا يصدّقون _____ الأرض.
(ثبات – خفة – دوران)

٤- صل الكلمة بعكسها:

تزوج	دوران
فرح	طلق
ثبات	هذيان
رزانة	حزن

٥- صحّح الكلمات التي تحتها خطّ في الجمل الآتية:

أ يضخّ القلب الدّم لباقي أعضاء الجسم عبر الرئة.

ب كان يحكم الدولة العثمانيّة كلها الإمبراطور العثمانيّ.

ت رأيت الرّجال والبنات يلعبون كرة القدم في ملعب مدرستهم.

ث إذا قرأت كتب الجغرافيا تفهم الماضي والحاضر وقد تتوقع المستقبل.

ج يستخرج الإنسان اللؤلؤ والذّهب من البحر.

٦- استخرج من النّصّ:

اسمي مفعول – **٣** أفعال مضارع منصوبة (وبين سبب النّصب) – اسمين جغرافيّين – منادى (وأعربه)

٧- ضع الكلمات الآتية في جمل من عندك:

حيطان – شفتان – هذيان – سلطان – أحزان – إنسان

٨- ناقش المدرّس في رأيك في موضوع الأغنيّة وموقف الشّاعر من حبيبته.

١٢

أسألك الرّحيل

١٢

أسألك الرّحيل

١٩٩١

كلمات: نزار قبّاني - ألحان: محمد عبد الوهاب - غناء: نجاة الصّغيرة

أَسْأَلُكَ الرَّحيلَ
لِخَيْرِ هَذا الحُب يا حبيبي وَخَيْرِنا،
أَسْأَلُكَ الرَّحيلَ
بِحَقِّ ما لَدَيْنا مِنْ ذِكْرى غاليةٍ كانَت عَلى كِلَيْنا،
بِحَقِّ حُبٍ رائِعٍ ما زال مَرْسومًا بِمُقْلَتَيْنا
ما زال مَنْقوشًا عَلى يَدَيْنا،
بِحَقِّ ما كَتَبْتَهُ إلَي مِنْ رَسائِلٍ،
وَحُبِّكَ الباقي عَلى شَعْري، عَلى أَنامِلي،
بِحَقِّ ذِكْرَياتِنا وَحُبِّنا الجَميلِ وَابْتِسامِنا،
بِحَقِّ أَحْلى قِصّةٍ لِلْحُبِّ في زَمانِنا،
أَسْأَلُكَ الرَّحيلَ.
لِنَفْتَرِقْ أَحْبابًا فَالطَّيْرُ كُلَّ مَوْسِمٍ تُفارِقُ الهِضابَ،
وَالشَّمْسُ يا حَبيبي تَكونُ أَحْلى عِنْدَما تُحاوِلُ الغِيابَ.
كُنْ في حَياتي الشَّكَّ والعِتابَ،

كُنْ مَرَةً أُسْطورةً كُنْ مَرَةً سَرابًا،

كُنْ سُؤالًا في فَمي لا يَعْرِفُ الجَوابَ.

مِنْ أَجْلِ حُبٍّ رائِعٍ يَسْكُنُ مِنّا القَلْبَ والأَهْدابَ،

وَكَيْ أَكونَ دائِمًا جَميلةً،

وَكَيْ تَكونَ أَكْثَرَ اقْتِرابًا،

أَسْأَلُكَ الذَّهابَ.

اِنْزَعْ حَبيبي مِعْطَفَ السَّفَرِ،

وَابْقَ مَعي حَتّى نِهايةِ العُمْرِ،

فَما أَنا مَجْنونةٌ كَيْ أُوقِفَ القَضاءَ وَالقَدَرِ،

وَما أَنا مَجْنونةٌ كَيْ أُطْفِئَ القَمَرِ.

ماذا أَنا لَو أَنْتَ لا تُحِبُّني؟

ما اللَّيْلُ؟ ما النَّهارُ؟ ما النُّجومُ؟ ما السَّهَرِ؟

سَتُصْبِحُ الأَيامُ لا طَعْمَ لَها،

وَتُصْبِحُ الحُقولُ لا لَوْنَ لَها،

وَتُصْبِحُ الأَشْكالُ لا شَكْلَ لَها،

وَيُصْبِحُ الرَّبيعُ مُسْتَحيلًا،

والعُمْرُ مُسْتَحيلًا.

اِبْقَ حَبيبي دائِمًا كَيْ يُورِقَ الشَّجَرِ،

اِبْقَ حَبيبي دائِمًا كَيْ يَهْطُلَ المَطَرِ،

اِبْقَ حَبيبي دائِمًا كَيْ تَطْلَعَ الوَرْدَةُ

مِنْ قَلْبِ الحَجَرِ.

لا تَكْتَرِثْ بِكُلِ ما أَقولُ يا حَبيبي
في زَمَنِ الوِحْدة أَوْ وَقْتِ الضَجَر،
وَابْقَ مَعْي إذا أَنا سَأَلْتُكَ الرَّحيلَ.

المفردات

سَأَلَ، يَسْأَلُ، سُؤْال	to ask
رَحيل	departure
خَير	goodness
حُبّ	love
حَبيب ج. أَحِبّاء، أحبّة، أحباب	darling, beloved
بِحَقٍّ	in the name of
لَدى	in the possession of
ذِكْرى ج. ذِكْرَيات	memory
غالي/ة	precious, expensive
ما زالَ	still, has continued to be
مَرْسوم/ة	drawn
مُقْلة ج. مُقَل	eyeball
مَنْقوش/ة	engraved
يَد ج. أَيْدٍ، أَيَادٍ (مؤنثة)	hand
كَتَبَ، يَكْتُبُ، كِتابة	to write
رِسالة ج. رَسائِل	letter, message
باقٍ/باقِية	remaining
شَعْر ج. شُعور	hair
أُنْمُلة ج. أنامِل	fingertip
جَميل ج. جُمال	beautiful
اِبْتِسام	smiling

sweet, beautiful	حُلْو/ة
story	قِصّة ج. قِصَص
time	زَمان ج. أَزْمِنة
to separate	اِفْتَرَقَ، يَفْتَرِقُ، اِفْتِراق
bird	طَيْر ج. طُيور
season	مَوْسِم ج. مَواسِم
to depart	فارَقَ، يُفارِقُ، فُراق
hill	هَضَبة ج. هِضاب
sun	شَمْس ج. شُموس (مُؤَنَّثة)
to be	كان، يَكون، كَوْن
when	عِنْدَما
to try	حاوَلَ، يُحاوِلُ، مُحاوَلة
absence	غِياب
life	حَياة ج. حَيَوات
doubt	شَكّ ج. شُكوك
blaming in a friendly/loving way	عِتاب
one time	مَرّة ج. مرّات
legend, myth	أُسْطورة ج. أَساطير
mirage, fata morgana	سَراب
question	سُؤال ج. أَسْئِلة
to know	عَرَفَ، يَعْرِفُ، مَعْرِفة
answer, reply	جَواب ج. أَجْوِبة
for the sake of, for	مِن أَجْلِ

wonderful	رائِع/ة
to dwell, inhabit	سَكَنَ، يَسْكُنُ، سَكَن
heart	قَلْب ج. قُلوب
eyelash	هُدْب ج. أَهْداب
always	دائِمًا
coming closer, approach	اِقْتِراب
going	ذَهاب
jacket	مِعْطَف ج. مَعاطِف
traveling	سَفَر
to remain, stay, keep doing something	بَقِيَ، يَبْقى، بَقاء
end, ending	نِهاية ج. نهايات
age, lifetime	عُمْر ج. أَعْمار
mad, crazy	مَجْنون ج. مَجانين
to cease, stop	أَوْقَفَ، يُوْقِف، إيقاف
destiny, judgment	قَضاء
fate	قَدَر ج. أَقْدار
to extinguish, put out	أَطْفَأ، يُطْفِئُ، إطْفاء
moon	قَمَر ج. أَقْمار
night	لَيْل
daytime	نَهار
star	نَجْم ج. نُجوم، أَنْجُم
staying up at night	سَهَر

أَصْبَحَ، يُصْبِحُ، إصْباح	become
طَعْم	taste
حَقْل ج. حُقول	field
لَوْن ج. أَلْوان	color
شَكْل ج. أَشْكال	form
رَبيع	spring
مُسْتَحيل/ة	impossible
أَوْرَقَ، يُوْرِقُ، إيراق	to leaf, produce leaves
شَجَرة ج. أَشْجار	tree
هَطَلَ، يَهْطِلُ، هَطْل/هَطَلان	to flow in torrents, fall/rain heavily, pour down
مَطَر ج. أَمْطار	rain
طَلَعَ، يَطْلَعُ، طُلوع	to spring
وَرْدة ج. وردات، وَرْد، وُرود	rose
قَلْب ج. قُلوب	heart
حَجَر ج. أَحْجار	stone
اِكْتَرَثَ، يَكْتَرِثُ، اِكْتِراث	to care
قال، يَقول، قَوْل	to say
زَمَن ج. أَزْمان	time
وحدة	loneliness
وَقْت ج. أَوْقات	time
ضَجَر	weariness, tedium, boredom

التعليق

غنت نجاة قصيدة "أسألك الرحيل" من أشعار نزار قبّاني وألحان محمد عبد الوهاب. وفي قصيدة نزار المغناة والمرسلة على لسان امرأة تظهر هذه المرأة وقد أرادت الابتعاد عن حبيبها أو بالأحرى ابتعاد حبيبها عنها، ولعلها طلبت منه هو الرّحيل لكونها أضعف من أن تتخذ هذا القرار ووضعه محل التّنفيذ. فتبدأ القصيدة بهذا الطّلب الغريب "أسألك الرّحيل" وتعلله مباشرة بأن هذا من أجل الحب وليس ضدّه، ثم تستحلفه بحقّ ذكراهم الغالية عليهما هما الاثنين، بحقّ حبهما السّاكن بعينيهما، الذي ما زال يحتفظ بأثره على يديهما، بحقّ رسائلهما، وحبّه لها الباقي على شعرها وعلى أناملها، بحقّ حبهما الجميل وابتسامهما، بحقّ قصّة حبّهما التي كانت الأحلى في عصرهما. كانت هذه المقطوعة الأولى من القصيدة، جاءت لتعبّر عن طلب بطلة القصيدة وإلحاحها في هذا الطّلب، ولترينا كيف كانت حياتهما وكيف كان حبّهما.

ثم تأتي المقطوعة الثّانية لتشرح لِمَ هذا الطّلب: حتّى يفترقا حبيبين كالطّير الذي يهاجر كل موسم من مكانه الأول وهو لا يكرهه أو حتّى لم يقلّ حبّه له ولعلّه يعود إليه مرة ثانية، فهذه فطرته وسنته لأنه الأنفع له، وكالشّمس التي تكون أحلى عند رحيلها والتي تعود هي الأخرى، وتوضح لحبيبها أنّها تتمنّى أن تراه في حياتها كالشّكّ الذي يحتاج ليقين، كالأسطورة التي تسحرنا بخيالها على عكس الواقع المعتاد الرّتيب، كالسّراب الذي نسعد برؤيته حتى لو لم يحوَ ماءً حقيقيًا، كالسّؤال الذي لا نعرف له جوابًا فيزيد انشغالنا به. ثُمَّ تعاود ذكر حقيقة أن هذا الطّلب من أجل حبّهما، نعم من أجل حبّهما، فهذا الرّحيل سيكون مفيدًا لأنها ستظل دومًا جميلة في نظره، سيكون هو أكثر اقترابًا برحيله لأنه سيكون شغلها الشّاغل، وتؤكّد طلبها بالجملة القرينة لأسألك الرّحيل وهي "أسألك الذّهاب."

وجاءت المقطوعة الثّالثة مفاجئة لنا ومناقضة لسابقتيها، فتطلب منه عكس ما طلبت من قبل، تطلب منه أن ينزع عنه معطف السّفر، وأن يبقى معها حتّى نهاية العمر، فتغدو هي مجنونة إن أرادت أن توقف القدر، وتغدو مجنونة إن أرادت أن تطفئ القمر، وهي ليست كذلك ولا تريد أن تكون كذلك. فتسأل أسئلة مجرد إلقائها يعبر عن أن حبّها له يصل منتهاه، فأصبح هو معنى حياتها وهويتها، فما هي لو لم يحبها، وما الليل وما النّهار، وماذا ستكون كل مظاهر الطّبيعة وكيف ستكون، بالتّأكيد ستكون الأيام بلا طعم، والحقول بلا لون، والأشكال بلا شكل، كل شيء سيصبح بلا معنى، وقدوم الرّبيع المنتظر

دائمًا سيغدو مستحيلًا. فتطلب من حبيبها بعد أن تيقنت من كل ذلك أن يبقى معها كي يورق الشجر ويهطل المطر وتطلع الوردة من قلب الحجر، وفي شبه اعتذار عن طلبها الأول تطلب منه ألا يهتم بما تقول حين تكون وحيدة حزينة أو حين تملّ وتضجر من غيابه أو من وجوده، فهو قدرها الذي وإن ملّت منه لا تقدر على تغييره ولا تحبّ ذلك حتّى، فليبقَ معها إذا سألته الرّحيل.

وقد جاءت هذه القصيدة المغناة مغايرة للقصيدة المكتوبة والمنشورة في أكثر من أمر، فكما يختلف إخراج الرواية الأدبيّة على شاشة السّينما عن الرّواية الأصليّة أحيانًا، اختلفت هنا القصيدة الملحّنة والمغناة عن القصيدة الأصليّة في المقدمة والخاتمة، فالقصيدة كما هي بالديوان تبدأ بـ:

> لنفترق قليلا
> لخير هذا الحب يا حبيبي
> وخيرنا.

وتنتهي بـ:

> أسألك الرحيلَ
> حتّى يظل حبنا جميلًا،
> حتّى يكون عمره طويلًا،
> أسألك الرحيلَ.

إذن لم تغيّر بطلة القصيدة المكتوبة موقفها وما زالت مصرّة على رحيل حبيبها حتى آخر بيت في القصيدة، وهكذا نتوقع أن نزار قبّاني قد غير نهاية القصيدة لتكون سعيدة وموافقة لذوق جمهور المستمعين الذي يختلف عن جمهور القرّاء في درجة تقبّله لأفكار ومحتوى القصائد وخاصةً نهايتها، ولكن برّر في القصيدة الأصلية طلب البطلة رحيل حبيبها بما يجعلها وافية بالمعنى لا تحتاج إلى تطوّر أو تغيّر دراميّ في الأحداث، فيقول:

> فلم يزل حبك ملء العينين والضّمير،
> ولم أزل مأخوذة بحبك الكبير،
> ولم أزل أحلم أن تكون لي
> يا فارسي أنت ويا أميري.

لكنني ... لكنني

أخاف من عاطفتي،

أخاف من شعوري،

أخاف أن نسأم من أشواقنا،

أخاف من وصالنا،

أخاف من عناقنا.

فهي ما زالت تحبّه لكنها تخاف على هذا الحبّ من التعوّد، ومن الملل، ومن السّأم، فتريد أن يفترقا في عز حبهما حتى تظلّ صورتهما في عينيهما كما بدت أوّل مرّة، جميلة رائعة خياليّة جذّابة ويظلّ حبّهما نابضًا مشتعلًا متوهّجًا.

ملاحظات

أسألك الرحيل: فعل (سأل) ينصب مفعولين. لذا فـ (ك) ضمير مبني في محل نصب مفعول به، و(الرحيل) مفعول به ثان منصوب وعلامة نصبه الفتحة.

لنفترقْ أحبابًا: (نفترق) فعل مضارع مجزوم بعد (ل) الأمر وعلامة جزمه السكون.

كنْ في حياتي الشك: (كن) فعل أمر مبني على السكون، وحُذف حرف العلة (و) لوقوعه قبل ساكن.

كي أكونَ دائمًا جميلة: (أكون) فعل مضارع منصوب بعد (كي) وعلامة نصبه الفتحة.

ابقَ معي حتى نهاية العمر: (ابق) فعل أمر مبني على حذف حرف العلة ووُضعت الفتحة على آخر حرف عوضًا عن حرف (ى) المحذوف.

لا تكترثْ بكل ما أقولُ: (تكترث) فعل مضارع مجزوم بعد (لا) الناهية وعلامة جزمه السكون.

التدريبات

١- أسئلة الفهم والاستيعاب:

أ ماذا تريد بطلة القصيدة من حبيبها؟

ب لماذا تطلب منه هذا؟

ت هل كرهت حبيبها؟

٢- أكمل الجمل الآتية بكلمات من عندك:

أ ليس عندنا .... الآن أن الأرض تدور حول الشمس فقد أجمعت كل النّظريّات العلميّة على ذلك.

ب هل حرب طروادة الشّهيرة حقيقة تاريخيّة أم ....؟

ت يرى المسافر في الصّحراء بقعة ماء على الطّريق ليست حقيقيّة بل ....

ث لم يخطط أحد لموته ولا قتله، فهذا أمر مؤكد، بل كان موته .... و..................

ج جاءت المطافئ و .... الحريق المشتعل في البيت.

٣- اختر الإجابة الصحيحة من بين الأقواس:

أ حلّفتك .... أيامنا التي قضيناها معًا لا تتركني وحدي وتسافر.

(بحقّ – بحقوق – والله)

ب لم أدرس البرديات، بل فقط الكتابات .... على الحجر.

(المكتوبة – المنقوشة – المرسومة)

ت هاجرت أختي إلى الولايات المتحدة الأمريكيّة و .... تعيش بها حتى الآن.

(كانت – أصبحت – ما زالت)

ث لم يكن هذا الفيلم جيدًا فحسب بل كان ....

(نافعًا – جديدًا – رائعًا)

ج تهاجر الحيوانات والطّيور في .... معروفة.
(شهور – مواسم – أيام)

٤- صل الكلمة بعكسها:

رحيل	شر
خير	رخيص
سؤال	فانٍ
غالٍ	جواب
باقٍ	بقاء

٥- صحّح الكلمات التي تحتها خطّ في الجمل الآتية:

أ تقع هضاب الأطلس في المغرب في شمال أفريقيا.

ب في الشّتاء أرتدي قميصًا ثقيلًا مضادًا للمطر.

ت في الرّبيع تنمو الأشجار وتتفتّح الزّهور.

ث لو كان أهمل المجتمع بالتعليم أكثر لكان حال الشباب أفضل.

ج تزوّجت هنا حتى لا أشعر بالونس في الغربة.

٦- استخرج من النّصّ:

٣ أسماء مفعول – اسمي فاعل – فعل من أخوات كان – ٣ أفعال أمر – فعل نهي (وأعربه) – ٥ مصادر – ظرف زمان

٧- ضع الكلمات الآتية في جمل من عندك:

حقول – أشكال – أسطورة – سراب – هضاب – ذكريات – رسائل

٨- ناقش المدرّس في رأيك في القصيدة واختيار الشّاعر لمفرداتها وموقف بطلة القصيدة من حبيبها في نهايتها.

١٣

سوف أحيا

١٣

سوف أحيا

١٩٥٥

كلمات: مرسي جميل عزيز - ألحان: الأخوين رحباني - غناء: فيروز

لِمَ لا أَحْيا وَظِلُّ الوَرْدِ يَحْيا في الشِّفاه
وَنَشيدُ البُلْبُلِ الشّادي حَياةٌ لِهَواه؟
لِمَ لا أَحْيا وَفي قَلْبي وفي عَيْني الحَياة؟
سَوْفَ أَحْيا . . . سَوْفَ أَحْيا.
يا رفيقي نَحْنُ مِن نورٍ إلى نورٍ مَضَيْنا،
وَمَع النَّجْمِ ذَهَبْنا وَمَع الشَّمْسِ أَتَيْنا.
أَيْنَ ما يُدْعى ظَلامًا يا رَفيقَ اللَّيلِ أَيْنَ؟
إنَّ نورَ اللهِ في القَلْبِ وَهذا ما أَراه.
سَوْفَ أَحْيا . . . سَوْفَ أَحْيا.
لَيْسَ سِرًّا يا رَفيقي أَنَّ أَيامي قَليلة،
لَيْسَ سِرًّا، إنَّما الأَيامُ بَسْماتٌ طَويلة.
إنْ أَرَدْتَ السِّرَ فَاسْأَلْ عَنهُ أَزْهارَ الخَميلة،
عُمْرُها يَوْمٌ وَتَحْيا اليَوْمَ حَتّى مُنْتَهاه.
سَوْفَ أَحْيا . . . سَوْفَ أَحْيا.

المفردات

why	لِمَ
to live	حَيِيَ، يَحْيا، حَياة
shadow	ظِلّ ج. ظِلال
rose	وَرْدة ج. وَرْدات، وَرْد، وُرود
lip	شَفة ج. شِفاه
song, hymn, anthem	نَشيد ج. أَناشيد
bulbul (songbird)	بُلْبُل ج. بلابِل
chanting, singing	شادٍ/شادِية
love	هَوى
heart	قَلْب ج. قُلوب
eye	عَيْن ج. عُيون (مُؤَنَّثة)
will, shall	سَوْفَ
companion	رَفيق ج. رِفاق، رُفَقاء
light	نور ج. أَنْوار
to pass	مَضى، يَمْضي، مُضِيّ
star	نَجْم ج. نُجوم، أَنْجُم
to go	ذَهَبَ، يَذْهَبُ، ذَهاب
sun	شَمْس ج. شُموس
to come	أَتى، يَأْتي، إِتْيان
to call, invite, pray	دعا، يَدْعو، دُعاء/دَعْوة
darkness	ظَلام

night	لَيْل
where	أَيْن
God	الله
to see	رَأى، يَرى، رُؤْية
secret	سِرّ ج. أَسْرار
day	يَوْم ج. أيام
little, few	قَليل/ة
but	إنَّما
smile	بَسْمة ج. بسمات
long	طَويل/ة
to want, to will	أَراد، يُريد، إرادة
to ask	سأَلَ، يَسْأَلُ، سُؤال
flower	زَهْرة ج. زَهْر، أَزْهار، زُهور
thicket	خَميلة ج. خَمائل
age, lifetime	عُمْر ج. أَعْمار
end, utmost	مُنْتَهى

التعليق

غنّت فيروز قصيدة "سوف أحيا" للشّاعر مرسي جميل عزيز من تلحين الأخوين رحباني عام ١٩٥٥. وتبدأ القصيدة بسؤال استنكاري لا يحتمل إجابة ولا ينتظرها، فيتساءل الشّاعر لِمَ لا يحيا في حين أن صورة الورد تحيا في شفاه الإنسان، وقد يقصد الشّاعر هنا أن شفاه الإنسان جميلة تشبه الورد أو أن الإنسان حين يشم الورد يقع ظلّه على شفتيه. ويعطف على الجملة السابقة بأن نشيد البلبل الشّادي حياة لهواه، ففي غناء هذا الطير المغرّد حياة لحبّه ومرحه وروحه، ولِمَ لا يحيا بينما ينبض قلبه وتنعم عينه بالحياة، لذا يقرّر الشّاعر قرارًا صريحًا واضحًا ويعبّر عنه بجملة موجزة أنه سوف يحيا.

والحياة التي يقصدها الشّاعر هنا ليست حياة الأكل والشّراب، وليست حياة الصّحو والنّوم، وليست حياة الشّهيق والزّفير، وليست حياة التّزاوج والإنجاب، أي ليست الحياة الحيوانية البسيطة وإنما التّمتّع بالحياة كإنسان والاستمتاع بكل ما فيها من خير وجمال حتى الدرجة القصوى. فبدلًا من مجرد تناول الطّعام والشّراب الاستمتاع بهما، وبدلًا من مجرد الصحو والنوم الاستغراق في العمل والقيام بالمغامرات والتحلّي بالنشاط ثم اللجوء إلى الرّاحة، وبدلًا من مجرد التّزاوج والإنجاب، يفضل الحبّ والعشق ومنح حياة جديدة لجيل جديد ينعم هو الآخر بحياته كما يحلو له ونراه امتدادًا لنا. فهو يقرر إنه لن يعيش لمجرد العيش وإنما سيحيا حياة جميلة نشيطة رائعة وسيستمتع بها رغم كل شيء.

ويخاطب الشّاعر في المقطوعة الثانية رفيقه الذي قد يكون صديق أو حبيبة وقد يرمز للإنسان عامة، ويخبره أن العالم ما هو إلا مكان مضيء دائمًا فنحن نمضي من نور إلى نور نذهب ونفترق مع بزوغ النّجوم ونأتي ونعود لنتقابل مع شروق الشّمس فلا يوجد ما يُدعى ظلامًا، فنور الشّمس والنّجوم يضيء العالم دومًا، ونور الله خالقنا قد بثّه في قلوبنا فلم نعد نرى غيره، لذا يقرّر الشّاعر أن يحيا.

ويبلغ الشّاعر أرقى مستويات الحكمة حين ينبّهنا أن الأيام مهما كثرت فهي قليلة وأن الحياة مهما طالت فهي قصيرة، فهذا صحيح ليس سرًا وإنما كثيرًا ما ننسى هذه الحقيقة فنُضيع حياتنا عبثًا وهباءً، وليس سرًا أيضًا أن الأيام بسمات طويلة أو هكذا يجب أن تكون، ولكن سر الحياة الحقيقي وسر الوجود تعرفه جيدًا أزهار الحدائق وتطبّق وتمارس مفاده عمليًا، فعمرها يومًا أو وقتًا قصيرًا لكنها تحيا هذا اليوم أيما حياة وتسمتع به أيما استمتاع حتى تبلغ منتهاه وتموت، لذا فسوف يحيا ويريدنا كلنا أن نحيا مثله.

وهكذا تبدو القصيدة كلها دعوة للحياة والتّمتّع بالحياة والنَّيل من ملذّاتها تذكرنا بالدعوة التي انتشرت في أوروبا مع بدايات عصر النهضة على أيدي أدبائها وفنانيها كدانتي أليغييري وبوكاشيو ومايكل أنجلو وغيرهم، فنشعر من قصيدة الشّاعر القصيرة حثه لنا على ابتغاء مجد الحياة، حياة الدّنيا هنا على الأرض، ابتغاء الحياة بالعلم والفن، بالفكر والثّروة، بالجمال والقوة، بالسعادة والحرية، بلوغ المنتهى من الارتشاف من نعيمها، فالحياة عنده ليست وسيلة لهدف ما بل هي هدف في حدّ ذاته. والحياة هي هبة الله لنا، إذن يجب ممارستها فرحين، لا النّدم عليها ولا الهروب منها، والمتعة ليست خطيئة بل هي الخير المحض، فمخلوقات الله التي هي دون الإنسان كالطيور والزهور تنعم بالحياة، فكيف يضيعها الإنسان تحت ستار العادات والتّقاليد أو اصطناع الزّهد أو الالتزام المزيّف بالعفّة والتّقوى.

وكان أجمل ما في قصيدة مرسي جميل عزيز أن موضوعها إنسانيّ عالميّ، أي يخصّ الإنسان في كل زمان ومكان، الأمر الذي يبثّ فيها روح الخلود كالأعمال الأدبيّة الخالدة الأخرى، ويضع الشّاعر مع كبار الأدباء العرب والأجانب كالمتنبي وجبران خليل جبران ونجيب محفوظ وسوفوكليس وشكسبير ومن شابههم في قائمة الذين كتبوا وأبدعوا في الكتابة عن حياة وقضايا الإنسان الأزليّة.

ملاحظات

أين ما يُدعى ظلامًا: "يُدعى" فعل مضارع مبني للمجهول على وزن يُفعل، و"ظلامًا" مفعول به منصوب وعلامة نصبه الفتحة.

ليس سرًّا: "سرًّا" خبر ليس منصوب وعلامة نصبه الفتحة، لأن "ليس" من أخوات كان ترفع المبتدأ وتنصب الخبر، ومبتدؤها هنا هو جملة "أن أيامي جميلة" وبالجملة كلها تقديم للخبر وتأخير للمبتدأ.

التدريبات

١- أسئلة الفهم والاستيعاب:

أ   إلامَ تدعونا هذه القصيدة؟

ب   كيف يحاول الشّاعر إقناعنا بما يدعونا إليه؟

ت   وضّح قيمة الحياة كما ظهرت في القصيدة.

٢- أكمل الجمل الآتية بكلمات من عندك:

أ   كنا نغني _____ الوطنيّ لبلدنا كل يوم في المدرسة.

ب   أخاف أن أبقى في _____ وحدي، يجب أن أضيء ولو شمعة.

ت   إن قلتِ لي _____ فلن أبوح به أبدًا.

ث   لقّب الأقباط السّيدة مريم العذراء بأم _____ .

ج   كانت صيحة المصريين في الحروب التي خاضوها "_____ مصر."

٣- اختر الإجابة الصحيحة من بين الأقواس:

أ   أشعر بملل شديد كأن الوقت لا _____ .

(يعبر – يمضي – يحيا)

ب   لم تتزوج صديقتي بعد ولكنها تعيش مع _____ .

(زوجها – رفيقها – ابنها)

ت   المدرّس الجديد _____ رمزي.

(يدعو – يُدعى – يدعي)

ث   جميلة جدًا أصوات العندليب والكروان و _____ .

(الغراب – البلبل – البومة)

ج لقد وقع القائد الرومانيّ ماركوس أنطونيوس في .... كليوباترا حاكمة مصر.

(هوى – أسر – سجن)

٤- صل الكلمة بعكسها:

نور	علن
حياة	موت
ذهب	منتهى
سر	عاد
مبدأ	ظلام

٥- صحّح الكلمات التي تحتها خط في الجمل الآتية:

أ كان ابني يخاف من صورته على الحائط وهو طفل.

ب لا يموت السمك خارج الماء.

ت كم كان زمنك حين تركت بلدك؟

ث السّنة الماضية هي السّنة التي ذهبت.

ج اكتشف العلماء أن العقل لا يفكر إنما هو عضو لضخّ الدم في الجسم فقط.

٦- استخرج من النّصّ:

اسم فاعل – اسمين في حالة الجمع (وأعربهما) – فعل مبني للمجهول (وأعربه) – اسم إنّ (وأعربه)

٧- ضع الكلمات الآتية في جمل من عندك:

رفيق – شفاه – مضى – ظلام – خميلة – منتهى

٨- ناقش المدرّس في رأيك في القصيدة وما تدعونا إليه ووضّح إذا كنت توافق الشّاعر أم لا ولماذا.

١٤

أغدًا ألقاك؟

١٤
أغدًا ألقاك؟
١٩٧١

كلمات: الهادي آدم - ألحان: محمد عبد الوهاب - غناء: أم كلثوم

أَغَدًا أَلْقاك؟!

يا خَوْفَ فؤادي مِنْ غَدي!

يا لِشَوْقي وَاحْتِراقي في انْتِظارِ المَوْعِدِ!

آهِ كَمْ أَخْشى غَدي هذا، وَأَرْجوه اقْتِرابًا.

كُنْتُ أَسْتَدْنِيه، لَكِنْ، هِبْتُهُ لَمّا أَهابَ،

وَأَهَلَّتْ فَرْحَةُ القُرب بِهِ حينَ اسْتَجابَ.

هَكَذا أَحْتَمِلُ العُمْرَ نَعيمًا وَعَذابًا،

مُهْجَةً حارَّةً وَقَلْبًا مَسَّهُ الشَّوْقُ فَذابَ.

أَغَدًا أَلْقاك؟

أَنْتَ يا جَنَّةَ حُبّي وَاشْتِياقي وَجُنوني،

أَنْتَ يا قِبْلَةَ روحي وَانْطِلاقي وَشُجوني،

أَغَدًا تُشْرِقُ أَضْواؤُكَ في لَيْلِ عُيوني؟

آهِ مِنْ فَرْحَةِ أَحْلامي، وَمِنْ خَوْفِ ظُنوني.

كَمْ أُناديكَ، وفي لَحْني حَنينٌ وَدُعاء،

يا رَجائي أَنا، كَمْ عَذَّبَني طولُ الرَّجاء.
أَنا لَوْلا أَنْتَ لَمْ أَحْفَلْ بِمَنْ راح وَجاء،
أَنا أَحْيا في غَدي الآن بِأَحْلام اللِّقاء.
فَائْتِ، أَوْ لا تَأْتِ أَوْ فَافْعَلْ بِقَلْبي ما تَشاء.
هَذِهِ الدُّنْيا كِتابٌ أَنْتَ فيهِ الفِكْرُ،
هَذِهِ الدُّنْيا لَيالٍ أَنْتَ فيها العُمْرُ،
هَذِهِ الدُّنْيا عُيونٌ أَنْتَ فيها البَصَرُ،
هَذِهِ الدُّنْيا سماءٌ أَنْتَ فيها القَمَرُ.
فَارْحَمْ القَلْبَ الَّذي يَصْبو إِلَيْك،
فَغَدًا تَمْلِكُهُ بَيْنَ يَدَيْك،
وَغَدًا تَأْتَلِقُ الجَنَّةُ أَنْهارًا وَظِلًا،
وَغَدًا نَنْسى فَلا نَأْسى عَلى ماضٍ تَوَلّى،
وَغَدًا نَسْهو فَلا نَعْرِفُ لِلْغَيْب مَحَلًا،
وَغَدًا لِلْحاضِرِ الزاهِرِ نَحْيا لَيْسَ إِلّا.
قَدْ يَكونُ الغَيْبُ حُلْوًا إِنَّما الحاضِرُ أَحْلى.
أَغَدًا أَلْقاك؟

المفردات

tomorrow	غَدًا
to meet	لَقِيَ، يَلْقى، لقاء
to fear, be afraid	خافَ، يَخافُ، خَوْف
heart	فُؤاد ج. أَفْئدة
longing, yearning	شَوْق ج. أَشْواق
to burn	اِحْتَرَقَ، يَحْتَرِقُ، اِحْتراق
to wait	اِنْتَظَرَ، يَنْتَظِرُ، اِنْتظار
date, appointment	مَوْعِد ج. مَواعد
how often, how much/many	كَم
to fear, be afraid	خَشِيَ، يَخْشى، خَشْية
to wish, hope	رَجا، يَرْجو، رَجاء
to come closer	اِقْتَرَبَ، يَقْتَرِبُ، اِقْتراب
to be	كانَ، يَكونُ، كَوْن
to wish to be sooner/closer	اِسْتَدْنى، يَسْتَدْني، اِسْتِدْناء
but	لَكِنْ
to fear, be afraid	هابَ، يَهابُ، هَيْبة/مَهابة
when	لَمّا
to call upon	أهابَ، يُهيبُ، إهابة
to appear, light up	أَهَلَّ، يَهِلُّ، إهْلال
joy	فَرْحة
to be near or close, to get close	قَرُبَ، يَقْرُبُ، قُرْب

when	حينَ
to respond, comply	اِسْتَجابَ، يَسْتَجيبُ، اِسْتِجابة
thus, in this way	هٰكَذا
to bear, to tolerate	اِحْتَمَلَ، يَحْتَمِلُ، اِحْتِمال
age, lifetime	عُمْر ج. أَعْمار
bliss	نَعيم
torment, torture	عَذاب
soul, literally: the heart's blood	مُهْجة ج. مُهَجات، مُهَج
ardent, hot, warm	حارّ/ة
heart	قَلْب ج. قُلوب
to touch	مَسَّ، يَمَسُّ، مَسّ
to melt	ذابَ، يَذوبُ، ذَوَبان
paradise	جَنَّة ج. جَنَّات، جِنان
to love	حَبَّ، يَحِبّ، حُبّ
to long, yearn for	اِشْتاق، يَشْتاقُ، اِشْتِياق
to be or become insane, mad	جُنَّ، يُجَنُّ، جُنون
qibla, direction of Muslim prayer	قِبْلة
spirit, soul	روح ج. أَرْواح
to depart, leave, set out	اِنْطَلَقَ، يَنْطَلِقُ، اِنْطِلاق
sorrow	شَجَن ج. أَشْجان، شُجون
to rise (the sun)	أَشْرَقَ، يُشْرِقُ، إِشْراق
light	ضَوْء ج. أَضْواء
night	لَيْل

eye	عَيْن ج. عُيون (مؤنثة)
dream	حُلْم ج. أَحْلام
thought, assumption, doubt	ظَنّ ج. ظُنون
to call	نادى، يُنادي، نداء
melody	لَحْن ج. أَلْحان
longing	حَنين
to pray, call, invite	دَعا، يَدْعو، دُعاء/دَعْوة
to torture	عَذَّبَ، يُعَذِّبُ، تَعْذيب
to be or become long	طالَ، يَطولُ، طول
to pay attention, care about	حَفَلَ، يَحْفِلُ، حَفْل
to go, to set out to do	راحَ، يَروحُ، رَواح
to come	جاءَ، يَجيءُ، مَجيء
to live	حَيِيَ، يَحْيا، حَياة
tomorrow	غَد
now	الآن
to do	فَعَلَ، يَفْعَلُ، فِعْل
to want, to will	شاءَ، يَشاءُ، مَشيئة
world	دُنْيا ج. دُنَى، دُنْيَيات
book	كِتاب ج. كُتُب
thought	فِكْر
night	لَيْلة ج. لَيالٍ
moon	قَمَر ج. أَقْمار
sight	بَصر

sky, heaven	سَماء ج. سَمَوات
to have mercy, spare	رَحِمَ، يَرْحَمُ، رَحْمة
to yearn, desire	صَبا، يَصْبو، صُبُو/صَبْوة/صَبا
hand	يَد ج. أَيْدٍ، أَيادٍ (مؤنثة)
to shine, sparkle	اِئْتَلَقَ، يَأْتَلِقُ، اِئْتِلاق
river	نَهْر ج. أَنْهار
to forget	نَسِيَ، يَنْسى، نَسْي/نِسْيان
to be sad or distressed, to grieve	أَسِيَ، يَأْسى، أَسى
past	ماضٍ
to go away	تَوَلّى، يَتَوَلّى، تَوَلٍّ
to forget, omit	سَها، يَسْهو، سَهْو
to know	عَرَفَ، يَعْرِفُ، مَعْرِفة
the unknown, the transcendental, the future	غَيْب ج. غُيوب
place	مَحَل
present	حاضِر
brilliant	زاهِر/ة
not	لَيْسَ
sweet, beautiful	حُلْو/ة
but	إِنَّما

التعليق

غنّت أم كلثوم قصيدة "أغدًا ألقاك" لأول مرة في ٦ مايو ١٩٧١ من كلمات الشّاعر السّودانيّ الهادي آدم، وألحان الموسيقار المصريّ محمد عبد الوهاب. والقصيدة من ديوان "كوخ الأشواق" الذي صدر عام ١٩٦٢، وقد أجرت أم كلثوم في القصيدة عدة تعديلات لتظهر بالصّورة التي تغنّت بها.

وتحكي القصيدة عن تجربة شعوريّة يخبُرها الشّاعر وتستغرقه فتثير مشاعره وتدفعه لنظم هذه القصيدة. وتبدأ القصيدة بعنوانها فيكوّن البيت الأول فيها ونجد فيه الشّاعر يناجي حبيبته بشكل مباشر ويسألها متعجبًا "أغدًا ألقاك،" ثم يوضّح المشاعر المتناقضة التي تختلجه إزاء هذا اللقاء، فالخوف يملأ قلبه والشّوق يجتاح كِيانه ويحرق صدره في انتظار هذا الموعد، فإذا به يخاف هذا الغد ويتمنى اقترابه، كان يشعر بقربه لكن هابه حين بدا مهيبًا، وغمرته الفرحة حين استجاب الغد لدعائه واقترب، هكذا يمضي به العمر بين لحظات نعيم ولحظات عذاب، فرحًا بما ينتظر خائفًا منه في نفس الوقت، فقلبه يعاني من حرارة عشقه لحبيبته وانتظاره لموعدها ولما الشّوق مسّه لم يحتمله وذاب.

وتأتي المقطوعة الثّانية من القصيدة بفكرة جديدة وقافية جديدة ففيها يصف الشّاعر حبيبته بأنّها جنّة حبّه واشتياقه وجنونه، قبلة روحه وانطلاقه وشجونه، فإلى هذه الدرجة ملأت حياته وسلبت عقله وأهاجت مشاعره فغدت قبلته يتجه كل شيء فيه لها. فيسأل متعجبًا للمرّة الثانية ولكن هذه المرّة ببلاغة أروع وأعمق، هل ستشرق أضواؤها في ليل عيونه، فهي شمس أو نجم يضيء الظّلام الذي يغشى عينيه، وتتراءى له أحلامه سعيدة وظنونه خائفة في انتظار هذا اللقاء المهيب، ورغم اقتراب اللقاء ينادي الشّاعر حبيبته بسرعة المجيء فكم عذّبه طول الانتظار. وقد شغله انتظار لقاء حبيبته حتى لم يعد يعنيه النّاس، كل النّاس، ولم يعد يحيا اليوم بل يحيا الغد مستغرقًا في أحلام اللقاء. ولما ذهل عن النّاس وفقد إحساسه بالزّمن وذاب قلبه وعانى عذاب الانتظار فوّض أمره لحبيبته، تأتي له أو لا تأتي أو تفعل بقلبه ما تشاء.

فماذا تمثّل له حبيبته التي ينتظر لقاءها؟ ماذا تمثّل له حبيبته التي فعلت فيه كل هذا؟ حبيبته هي جوهر الحياة بالنّسبة له، بل هي جوهر كل شيء، فهي في عالمه كالفكر في الكتاب، كالعمر في الليالي، كالبصر في العيون، كالقمر في السّماء. وكم كان كلام الشّاعر وأسلوبه في هذين البيتين أبلغ وأروع وأوضح من أي شرح له! ويطلب الشّاعر من حبيبته أن ترحم قلبه، فغدًا فقط ستملكه بين يديها، وغدًا تتألق لهما الجنة أنهارًا وظلًّا، وغدًا

ينغمسان في فرحة اللقاء فينسيان ماضيهما، وغدًا يغفلان عن العالم فيضيع إحساسهما بالوجود والغيب، وغدًا يحييان لحاضرهما الزّاهر فحسب. حين يبلغ الإنسان هذه الدّرجة من السّعادة يعرف أن الغيب قد يكون حلوًا لكنه يرى الحاضر أحلى وهذا ما رآه شاعرنا.

ملاحظات

يا خوفَ فؤادي من غدي: (خوف) منادى منصوب وعلامة نصبه الفتحة لأنه مضاف.

يا لشوقي واحتراقي: (لـ) هنا حرف تعجب.

كم أخشى غدي هذا: (كم) أداة تعجب، والجملة تعني (أخشى غدي جدًا).

فائتِ، أو لا تأتِ: (ائتِ) فعل أمر مبني على حذف حرف العلة، ووضعت الكسرة تحت آخر حرف عوضًا عن الـ (ي) المحذوفة.

التدريبات

١- أسئلة الفهم والاستيعاب:

أ مِمَّ يخاف الشّاعر في بداية القصيدة؟ ولماذا؟

ب ماذا تمثّل حبيبة الشّاعر له؟ وكيف عرفت؟

ت ماذا يطلب الشّاعر من حبيبته في القصيدة؟

٢- أكمل الجمل الآتية بكلمات من عندك:

أ لقد أصبحت الحياة مملّة بالنّسبة لي، لم أعد .... الأيام الرّتيبة.

ب قلب وفؤاد و............ كلمات مترادفة لمعنى واحد تقريبًا.

ت أعتقد أن النّظريّات العلميّة لا تقوم على .... بل على حقائق.

ث لا يعلم .... إلا الله.

ج عندي .... مع حبيبتي غدًا، كم انتظرت هذا ....!

٣- اختر الإجابة الصحيحة من بين الأقواس:

أ قال البطل "أنا لا .... الموت، فما معنى الحياة مع الذل؟"

(أحب – أكره – أخشى)

ب لا تعيش الدببة في البلاد ....

(الباردة – الحارة – الدّنيا)

ت ما وجّهت لها كلامي في صورة أمر، بل في صورة ....

(لقاء – رجاء – دعاء)

ث لم أعرف الحرية و............ إلا بعدما استقللت بحياتي.

(الانطلاق – العمر – اللقاء)

ج لم ينعم الكفيف (the blind) بنعمة ________.

(الشوق – الانطلاق – البصر)

٤- صل الكلمة بعكسها:

غدًا	رفض
اقتراب	أمس
استجابة	نعيم
عذاب	كبت
انطلاق	ابتعاد

٥- صحّح الكلمات التي تحتها خط في الجمل الآتية:

أ ابتعدت الممثلة الشّهيرة عن النّور في عز نجوميّتها.

ب "لا حياة لمن تدعو" قول مشهور نقوله عندما لا يستجيب لندائنا أحد.

ت بعض البلاد بها بحر واحد وبعضها بها بحار كثيرة.

ث صوّر الشّاعر قلبه بشيء يذوب عندما مسّه الجنون.

ج لم يتحمل انطلاق ضميره وانتحر ندمًا على قتل خصمه.

٦- استخرج من النّصّ:

كل المصادر – أسلوب شرط – ٣ أفعال أمر – أسلوب استفهام

٧- ضع الكلمات الآتية في جمل من عندك:

هابَ – أهابَ – أهلَّ – احتملَ – مسَّ – ذابَ – شاءَ – صبا

٨- ناقش المدرّس في رأيك في القصيدة.

١٥

صوت الوطن

YouTube

١٥
صوت الوطن
١٩٥٢

كلمات: أحمد رامي - ألحان: رياض السّنباطي - غناء: أم كلثوم

مِصْرُ الَّتي في خاطِري وفي فَمي، أُحِبُّها مِنْ كُلِّ روحي وَدَمي.
يا لَيْتَ كُلَّ مُؤْمِنٍ بِعِزِّها يُحِبُّها حُبّي لَها.
بَني الْحِمى والْوَطَنِ مَنْ مِنْكُمُ يُحِبُّها مِثْلي أَنا؟
نُحِبُّها مِنْ روحِنا وَنَفْتَديها بِالعَزيزِ الْأَكْرَمِ مِنْ عُمْرِنا وَجَهْدِنا.
عيشوا كِرامًا تَحْتَ ظِلِّ العَلَمِ، تَحْيا لَنا عَزيزَةً في الأُمَمِ.
أُحِبُّها لِظِلِّها الظَليلِ بَيْنَ الْمُروجِ الخُضْرِ والنَخيلِ.
نَباتُها ما أَيْنَعَهُ مُفَضَّضًا مُذَهَّبًا، وَنيلُها ما أَبْدَعَهُ يَخْتالُ ما بَيْنَ الرُّبى.
بَني الْحِمى والْوَطَنِ مَنْ مِنْكُمُ يُحِبُّها مِثْلي أَنا؟
نُحِبُّها مِنْ روحِنا وَنَفْتَديها بِالعَزيزِ الْأَكْرَمِ مِنْ قوتِنا وَرِزْقِنا.
لا تَبْخَلوا بِمائِها عَلى ظَمِئٍ، وَأَطْعِموا مِن خَيْرِها كُلَّ فَمٍ.
أُحِبُّها لِلْمَوْقِفِ الجَليلِ مِنْ شَعْبِها وَجَيْشِها النَّبيلِ،
دَعا إلى حَقِّ الحَياة لِكُلِّ مَنْ في أَرْضِها،
وثار في وَجْه الطُّغاة مُنادِيًا بِحَقِّها،
وقالَ في تاريخِهِ المَجيدِ يا دَوْلَةَ الظُّلْمِ انْمَحي وبِيدي.

بَني الْحِمى والْوَطَنِ مَنْ مِنْكُمْ يُحِبُّها مِثْلي أَنا؟
نُحِبُّها مِنْ روحِنا وَنَفْتَديها بِالعَزيزِ الْأَكْرَمِ مِنْ صَبْرِنا وَعزمِنا.
صونوا حِماها وَانْصُروا مَنْ يَحْتَمي، وَدافعوا عَنْها تَعِشْ وَتَسْلَم.
يا مِصْرُ يا مَهْدَ الرَّخاءِ، يا مَنْزِلَ الرُّوحِ الأَمين،
أَنا عَلى عَهْدِ الوَفاء في نُصْرَةِ الْحَقِّ المُبين.

المفردات

خاطِر ج. خَواطِر	heart, mind
فَم ج. أَفْمام	mouth
حَبَّ، يَحِبُّ، حُبّ	to love
روح ج. أَرْواح	spirit, soul
دَم ج. دِماء	blood
لَيْتَ	I wish
مُؤْمِن ج. مُؤْمِنون	believer
عِزّ	glory, power
اِبْن ج. بَنون، أَبْناء	son
حِمى	sanctuary, protection
وَطَن ج. أَوْطان	homeland
مِثْلي	like me
اِفْتَدى، يَفْتَدي، اِفْتِداء	sacrifice one's life for someone or something
عَزيز/ة	dear
أَكْرَم	most bountiful, honorable, most precious
عُمْر ج. أَعْمار	age, lifetime
جَهْد ج. جُهود	effort, exertion, endeavor
عاشَ، يَعيشُ، عَيْش	to live
كَريم/ة	noble, generous

تَحْتَ	under
ظِلّ ج. ظِلال	shadow
عَلَم ج. أَعْلام	flag
حَيِيَ، يَحْيا، حَياة	to live
أُمَّة ج. أُمم	nation
ظَليل/ة	shady, casting a shadow
مَرْج ج. مُروج	meadow
أَخْضَر/خَضْراء ج. خُضر	green
نَخيل	palm trees
نَبات ج. نباتات	plant
يانِع/ة	fresh, ripe
مُفَضَّض/ة	silvered, silvery
مُذَهَّب/ة	goldened
النِّيل	the Nile
بَديع/ة	marvelous
اِخْتال، يَخْتال، اِخْتيال	to boast, swagger
رَبْوة ج. رُبى	hill
قوت ج. أَقْوات	nourishment
رِزْق ج. أَرْزاق	livelihood, means of living
بَخِلَ، يَبْخَلُ، بُخْل	to be stingy, stint, withhold
ماء	water
ظَمِئ/ة	thirsty
أَطْعَمَ، يُطْعِمُ، إِطْعام	to feed

خَير	goodness, resources (e.g., natural resources)
مَوْقِف ج. مَواقِف	situation, attitude
جَليل/ة	significant, venerable
شَعْب ج. شُعوب	people, nation
جَيْش ج. جُيوش	army
نَبيل/ة	noble
دَعا، يَدْعو، دُعاء/دَعْوة	to pray, call, invite
حَقّ ج. حُقوق	right
حياة ج. حَيَوات	life
أَرْض ج. أَراضٍ	land, ground
ثارَ، يَثورُ، ثَوْرة	to revolt, rise against
وَجْه ج. وُجوه	face
طاغٍ ج. طُغاة	oppressor
نادى، يُنادي، نِداء	to call
قالَ، يَقولُ، قَوْل	to say
تاريخ ج. تَواريخ	history, date
مَجيد/ة	glorious
دَوْلة ج. دُوَل	state, country
ظُلْم	oppression
اِنْمَحى، يَنْمَحي، اِنْمِحاء	to vanish
بادَ، يَبيدُ، بَيْد	to perish, die
صَبر	patience

determination, strength	عَزْم
to preserve, conserve, keep	صانَ، يَصونُ، صَوْن
to support, protect	نَصَرَ، يَنْصُرُ، نَصر
to seek protection or refuge	اِحْتَمى، يَحْتَمي، اِحْتِماء
to defend	دافَعَ، يُدافِعُ، دِفاع
to be safe and sound	سَلِمَ، يَسْلَمُ، سَلامة/سَلام
cradle	مَهْد ج. مُهود
luxury	رَخاء
house, home	مَنْزِل ج. مَنازِل
the 'Guardian Soul,' i.e., the Angel Jibril	الرُّوح الأَمين
pledge, promise	عَهْد ج. عُهود
loyalty	وَفاء
support, help to achieve victory	نُصْرة
obvious, clear	مُبين/ة

التعليق

شدت أم كلثوم بقصيدة "صوت الوطن" من ألحان رياض السّنباطي وكلمات الشّاعر أحمد رامي في أول حفل لها بعد قيام ثورة ١٩٥٢. ويسمّيها بعض النّاس قصيدة "مصر التي في خاطري" طبقًا لمطلع الأغنيّة.

وقد عبّر الشّاعر عن حبّه للوطن بصوتين، صوت المطرب أو المطربة وصوت الكورس الذي يمثل الشّعب المصري، وكأنّه حوار بين المطرب والشّعب كله، الشّعب الذي يعلن في كل مرة يشدو فيها أنّه يحبّ مصر من روحه وعلى استعداد أن يضحّي بكل شيء يملكه من أجلها.

ويبدأ الشّاعر قصيدته بداية تقريريّة إخباريّة، ويعلن أن مصر تسكن قلبه وتجري على لسانه شدوًا وإنه يحبّها من كل روحه ودمه، ويتمنى أن يحبّها كل إنسان مؤمن بها حبّه لها، وينادي أبناء الوطن ويسألهم من منهم يحبّها مثله هو، فيجيبه الكورس/الشّعب بأنه يحبّها من روحه ويضحّي من أجلها بكل عزيز كريم من عمره وجهده. ويطلب منهم أن يعيشوا كرامًا تحت سيادة القوميّة المصريّة التي يمثّلها العلم المصري وبذلك فقط ستعيش مصر عزيزة بين الأمم، أي بعزّة وكرامة أبنائها تنال هي العزّة والكرامة أيضًا. وهنا إلماح لمطالب الجيش والشّعب التي تحقّق بعضها وأوشك البعض الآخر أن يتحقق، مثل عزل الملك وتحويل مصر إلى جمهوريّة وجلاء جيش الإنجليز عن البلاد الذي لم يحدث إلا بعد اتفاقية الجلاء في أكتوبر ١٩٥٤ وكان رحيل آخر جندي إنجليزيّ عن الأراضي المصرية في ١٨ يونيو ١٩٥٦، لأن كرامة الشّعب تتناقض مع احتلال أرضه، ويكون الشعب كريمًا عزيزًا فقط حين يكون حرًّا مستقلًا.

ويقرّ الشّاعر بأنّه يحبّ مصر لأنها جميلة تستحق الحبّ وليس العيش فيها فقط، فالأشجار تملؤها بين المساحات الخضراء الشّاسعة والنّخيل كبلد زراعيّ من الدّرجة الأولى، ونباتها يانع يلمع كالفضّة والذّهب ونيلها يجري بين أراضيها كبطل يختال منتصرًا. وينادي الشّعب ويسأله مرّة ثانية من منهم يحبّ مصر مثله هو، فيجيب الشّعب إنه يحبّها من روحه ويضحّي من أجلها بكل عزيز لديه من قوته ورزقه. ويطلب الشّاعر منهم ألّا يبخلوا بمائها على عطشان وأن يطعموا من خيرها كل إنسان، وهنا دعوة إنسانيّة نبيلة للعطاء، عطاء كل شيء لكل إنسان في حاجة إليه، وهذا البيت وحده يُخرج القصيدة من إطار القومية الأنانيّة المنغلقة على نفسها إلى الإنسانيّة الرحبة التي تشمل العالم أجمع.

ويعاود الشّاعر ذكر محاسن مصر وشعبها ويعلن أنه يحبّها لموقف جيشها وشعبها

النّبيل، وهو بالتأكيد يقصد لموقفهما في ثورة ١٩٥٢، التي لم تكن الثّورة الوحيدة في تاريخ مصر المعاصر، إذن فموقف جيش وشعب مصر هو الثّورة على الظّلم والطّغيان والاحتلال والاستعمار، وإرساء قواعد العدل، والتّرحيب بكل زائر لمصر سائحًا أو حتّى مقيمًا مسالمًا. فكم من أناس ذوي جنسيّات متعدّدة عاشوا على أرض مصر في سلام ووفاق مع شعبها طول تاريخها! وتصاهر هؤلاء الأجانب وانصهروا مع المصريّين حتى تشابهت ملامحهم وثقافتهم، فعلى أرض مصر عاش اليونانيّون والإيطاليّون والأرمن والأتراك والإنجليز والفرنسيّون والشّوام والسّودانيّون وغيرهم، لكن المصريّين لم يثوروا إلّا على وجود جيش الاحتلال الإنجليزيّ والملك تركيّ الأصل الذي لم يصل لحكم بلدهم باختيارهم.

ويسأل الشّاعر الشّعب من منهم يحبّها مثله هو، فيرد الشّعب بأنه يحبها من روحه ويضحّي من أجلها بالعزيز الأكرم من صبره وعزمه، فيطلب منهم الشّاعر أن يدافعوا عنها وأن ينصروا من يلجأ إليها محتميًا وبذا تعيش وتسلم بين الأمم، وهنا يجدّد الشّاعر الدّعوة الإنسانيّة في التّرحيب بكل إنسان على أرضها جاء زائرًا أو سائحًا، مقيمًا أو لاجئًا.

وينهي الشّاعر قصيدته مخاطبًا مصر ملقبًا إياها بمهد الرّخاء، أي الفراش الأوّل أو الأرض الأولى للثّراء والحضارة والمدنيّة منذ عهد الفراعنة وبمنزل الرّوح الأمين إشارة لنزول جبريل بها، ويعلن لها أنّه على عهده معها بنصرة الحق المبين.

ملاحظات

يا ليت كلَّ مؤمن: (كلَّ) اسم (ليت) منصوب وعلامة نصبه الفتحة، و(ليت) من أخوات (إنَّ) تدخل على الجمل الاسمية فتنصب المبتدأ ويُسمّى اسمها وترفع الخبر ويُسمّى خبرها.

بني الحمى والوطن: (بني) منادى منصوب وعلامة نصبه الياء لأنه مضاف.

لا تبخلوا بمائها على ظمئ: (تبخلوا) فعل مضارع مجزوم بعد (لا) الناهية وعلامة جزمه حذف الـ (ن)، فأصل الفعل (تبخلون).

التدريبات

١- أسئلة الفهم والاستيعاب:

أ   ماذا يطلب الشّاعر من المصريّين؟

ب   وضّح مكانة الجيش المصري كما ظهرت في القصيدة.

ت   وضّح رأيك في القصيدة.

٢- أكمل الجمل الآتية بكلمات من عندك:

أ   ثار أهل الأرض المحتلّة ضد المحتلّين وحرّروها حتى يعيشوا
    رافعي الرأس _____.

ب   نادى الشّاعر بإطعام كل جائع وإرواء كل _____.

ت   كان العرب في الجاهليّة ينصرون من _____ بهم.

ث   يعتقد كثير من العلماء أن مصر هي _____ الحضارة.

ج   _____ بعض الشّعوب العربيّة في عام ٢٠١١ ضد
    الأنظمة الحاكمة.

٣- اختر الإجابة الصحيحة من بين الأقواس:

أ   _____ كل ما نحلم به نستطيع تحقيقه.

    (ليت – لعل – يا ريت)

ب   عاد الجيش المنتصر من المعركة _____ على الأرض.

    (يمشي – يختال – يحيا)

ت   _____ الشّهيد بحياته من أجل وطنه.

    (ضحّى – افتدى – أحبَّ)

ث   ممارسة صيد السّمك تُعلّم الإنسان _____.

    (الصّبر – العزم – الرّزق)

ج "ثار في ________ " تعبير يعني "ثار عليه."

(يده – وجهه – قوة)

٤- صل الكلمة بعكسها:

نبيل	رخيص
خير	شر
عزيز	حِصْرِم
يانع	بَخيل
كريم	حقير

٥- صحّح الكلمات التي تحتها خطّ في الجمل الآتية:

أ عرف في كبره إنه أفنى سنّه في عبث.

ب أحسّت بعد معيشة طويلة في الغربة بالشّوق إلى البلد.

ت لم يختر الشّعب مرشح الحزب الجديد رئيسًا لأنه لم يتخذ قرارًا واضحًا بشأن مشاكل البلد.

ث كان أبي يعمل في منظّمة البلاد المتّحدة.

ج بالتأكيد وفرت لنا الآلات جزءًا كبيرًا من وقتنا وقوتنا.

٦- استخرج من النّصّ:

كل أفعال الأمر – الكلمات الجمع – منادى (وأعربه)

٧- ضع الكلمات الآتية في جمل من عندك:

رزق – قوت – جهد – عزم – عُمْر – صبر – مهد – عهد – حقّ

٨- ما رأيك في الأغاني الوطنيّة؟ وهل توجد قصيدة بلغتك الأم تشبه قصيدة "صوت الوطن"؟

١٦

النّهر الخالد

١٦

النّهر الخالد

١٩٥٤

كلمات: محمود حسن إسماعيل - ألحان وغناء: محمد عبد الوهاب

مُسافِرٌ زادُه الخَيالُ والسِّحْرُ والعِطْرُ والظِّلالُ،
ظَمآنُ والكَأْسُ في يَدَيهِ والحُبُّ والفَنّ والجَمالُ.
شابَت عَلى أَرْضِهِ اللَيالي، وضَيَّعَتْ عُمْرَها الجِبالُ.
ولَم يَزَلْ يَنْشُد الدِّيارَ، ويَسْأَلُ اللَيْلَ والنَّهارَ.
والنَّاسُ في حُبِّهِ سُكارى هاموا على شَطِّهِ الرَّحيبِ.
آهٍ على سِرِّكَ الرَّهيبِ، ومَوْجكَ التّائِهِ الغَريبِ،
يا نيلُ يا ساحرَ الغُيوبِ.
يا واهِبَ الخُلْدِ لِلزَّمانِ، يا ساقيَ الحُبِّ والأَغاني،
هاتِ اِسْقِني واسْقِني ودَعْني أَهيمُ كَالطَّيْر في الجِنانِ.
يا لَيْتَني مَوجةٌ فَأَحْكي إلى لَياليكَ ما شَجاني،
وأَغْتَدي لِلرِّياحِ جارًا، وأَسْكُبُ النُّور لِلحَيارى،
فَإنْ كَواني الهَوى وطارَ كانَت رِياحُ الدُّجى طَبيبي.
آهٍ على سِرِّكَ الرَّهيبِ، ومَوْجكَ التّائِهِ الغَريبِ،

يا نيلُ يا ساحرَ الغُيوبِ.

سَمِعْتُ في شَطِّكَ الجَميلِ   ما قالَتِ الرِّيحُ لِلنَّخيلِ.

يُسَبِّحُ الطَّيْرُ أَمْ يُغَنّي   ويَشْرَحُ الحُبَ لِلخَميلِ؟

وأَغْصُنٌ تِلْكَ أَمْ صَبايا   شَرِبْنَ مِن خَمْرَةِ الأَصيلِ؟

وزَوْرَقٌ بِالحَنينِ سارَ   أَمْ هَذِهِ فَرْحَةُ العَذارى؟

تَجْري وتُجْري هَواكَ نارًا   حَمَلْتُ مِن سِحْرِها نَصيبي.

آهٍ على سِرِّكَ الرَّهيبِ،   ومَوْجِكَ التّائِهِ الغَريبِ،

يا نيلُ يا ساحرَ الغُيوبِ.

المفردات

to travel	سافَرَ، يُسافِرُ، سَفَر
imagination	خَيال
charm, fascination, magic	سِحْر ج. أَسْحار
perfume	عِطْر ج. عُطور
thirsty	ظَمآن/ظَمْأى
glass	كَأْس ج. كُؤوس (مُؤَنَّثة)
hand	يَد ج. أَيْدٍ، أَيادٍ (مُؤَنَّثة)
to love	حَبَّ، يَحِبُّ، حُبّ
art	فَنّ ج. فُنون
beauty	جَمال
to become white-haired, to grow old	شابَ، يَشيبُ، شَيْب/شَيْبة
land, ground	أَرْض ج. أَراضٍ (مُؤَنَّثة)
night	لَيْلة ج. لَيالٍ
to waste, to lose	ضَيَّعَ، يُضَيِّعُ، تَضْيِيع
age, lifetime	عُمْر ج. أَعْمار
mountain	جَبَل ج. جِبال
still, has continued to be	لَمْ يَزَلْ / ما زال
to seek, look for	نَشَدَ، يَنْشُدُ، نَشْد/نِشْدان
house, home	دار ج. دور، ديار
to ask	سَأَلَ، يَسْأَلُ، سُؤال
night	لَيْل

daytime	نَهار
people	ناس
drunk, intoxicated	سَكْران/سَكْرى
to roam, rove, wander	هامَ، يَهيمُ، هَيْم/هَيَمان
beach, bank, shore	شَطّ ج. شُطوط
wide, capacious	رَحيب/ة
secret	سِرّ ج. أَسْرار
tremendous	رَهيب/ة
wave, billow	مَوْجة ج. موج، أَمْواج
lost, wandering	تائِه/ة
strange	غَريب/ة
the Nile	النيل
charming	ساحِر/ة
the unknown, transcendental	غَيْب ج. غُيوب
granter, benefactor	واهِب/ة
eternity, immortality	خُلْد
time	زَمان ج. أَزْمِنة
a person who irrigates, gives drinks	ساقٍ/ساقِية
song	أُغْنِيّة ج. أُغْنِيّات، أَغانٍ
give me (imper.)	هات
to give someone a drink	سَقى، يَسْقي، سَقْي
to let, leave	وَدَعَ، يَدَعُ، وَدْع
bird	طير ج. طيور

garden, paradise	جَنَّة ج. جِنان
I wish	يا لَيْتَ
to tell, relate	حَكَى، يَحْكِي، حِكاية
to worry, grieve, distress	شَجا، يَشْجو، شَجْو
to become	اِغْتَدى، يَغْتَدي، اِغْتداء
wind	ريح ج. رِياح (مُؤَنَّثة)
neighbor	جار ج. جِيران
to pour	سَكَبَ، يَسْكُبُ، سَكْب
light	نور ج. أَنْوار
confused, perplexed	حَيْران/حَيرى ج. حيارى
to burn, sear, iron	كَوى، يَكْوي، كَي
love	هَوى
to fly	طارَ، يَطيرُ، طَيَران
gloom, darkness	دُجى
physician, doctor	طَبيب ج. أَطِبّاء
to listen, hear	سَمِعَ، يَسْمَعُ، سَمْع/سَماع
beautiful	جَميل/ة
to say	قالَ، يَقولُ، قَوْل
palm trees	نَخيل
to praise	سَبَّحَ، يُسَبِّحُ، تَسْبيح
to sing	غَنّى، يُغَنّي، غِناء
to explain	شَرَحَ، يَشْرَحُ، شَرْح
thicket	خَميلة ج. خمائِل

twig, branch	غُصْن ج. أَغْصان، أغصن
girl	صَبِيّة ج. صَبايا
to drink	شَرِبَ، يَشْرَبُ، شُرْب
alcoholic drink	خَمْرة ج. خُمور
time before sunset	أَصيل ج. آصال، أَصائل
boat	زَوْرَق ج. زَوارِق
longing, yearning	حَنين
to walk, go on	سارَ، يَسيرُ، سَير
joy	فَرْحة
virgin	عَذْراء ج. عَذارى
to run	جَرى، يَجْري، جَرْي
fire	نار (مؤنثة) ج. نيران
to carry, bear	حَمَلَ، يَحْمِلُ، حَمْل
share, fortune	نَصيب ج. نُصُب، أَنْصِبة

التعليق

أنشد موسيقار الأجيال محمد عبد الوهاب قصيدة "النّهر الخالد" من ألحانه وأشعار محمود حسن إسماعيل عام ١٩٥٤. وموضوع هذه القصيدة هو التّغني بجمال نهر النّيل العظيم.

وأصل كلمة نيل هو الاسم اليونانيّ لهذا النّهر "Neilos" واسمه عند المصريّين القدماء "إترو" وقد قدّسوه وعبدوه في صورة الإله حابي تجسيد النّيل وجوهره الحراكيّ، وكانوا يعتقدون أن النّيل مركز العالم وأن منبعه هو بداية العالم، وبذا كانت قبلتهم نحو الجنوب. ومهما كان الاتجاه الواقعيّ للنّيل فهو عندهم الحد الفاصل بين الشّرق والغرب، وبصفة رمزيّة يُعد النّيل كفاصل بين الحياة الدنيويّة ونظيرتها في العالم الآخر، لذا قاموا ببناء بيوتهم ومعابدهم شرق النّيل وبنوا مقابرهم وأهراماتهم غربه.

والنّيل هو أطول أنهار العالم، إذ يبلغ طوله ٦٥٠٠ كم تقريبًا، ينبع فيما وراء خط الاستواء، من سلسلة من البحيرات الكبيرة الضّخمة (فكتوريا وألبرت وغيرهما)، ويعترض مسيره عدد من الشّلالات العالية، ثم يمر في شبكة مجاري المياه المليئة بالحشائش والأعشاب في السّودان، كما تغذّيه سيول الحبشة، ويمر خلال سهول واسعة حيث ازدهرت فيما مضى مملكة النوبة الفرعونيّة، ثم يسير خلال الصحاري. وبذا يكوّن وادي النّيل أرض مصر نفسها. يتحدى هذا النّهر الفريد الواسع الضّخم الصحراء ويجلب إليها الحياة. ويضفي على مصر، في وقت فيضانه، الازدهار والخصب الذي تهبه لها الآلهة، ولذا يعتبر النّيل في حد ذاته أحد الآلهة، ويبدأ فيضان النّيل في وقت المدار الشّمسيّ الصيفيّ، حيث يبلغ ذروته في الفترة الواقعة ما بين ٣٠ سبتمبر و١٠ أكتوبر. لذا استحق هذا النهر قول المؤرخ اليونانيّ القديم هيرودوت "مصر هبة النّيل."

هكذا كان نهر النّيل عند قدماء المصريين، فكيف رآه المصريون المحدثون؟ لم يزل هو المزار الأول والأجمل لكل سكان مصر بطولها وعرضها. لقد كان ملهمهم هم أيضًا، لم يقدّسوه ولم يعبدوه بعدما عرفوا واعتنقوا الدّيانات السّماوية، وإنما بجّلوه وأجلّوه ونسجوا عنه الحكايات والأساطير تمامًا كأجدادهم، ونظموا فيه الأشعار، وها هي ذي قصيدة من أجمل القصائد التي تغنّت بسحره وبهائه.

وقد قسّم الشّاعر قصيدته إلى ثلاث فقرات يفصل بينها بيت وعبارة "آهٍ على سِرِّكَ الرَّهيبِ، ومَوْجِكَ التّائه الغَريبِ، يا نيلُ يا ساحرَ الغُيوبِ." ويبدأ الشّاعر القصيدة بإخبارنا عن مسافر زاده الخَيَال والسّحر والعطر والظّلال، وبالطّبع ما هذا المسافر إلا نهر

النّيل، ويصوره إنسانًا ظمآن بينما هو نفسه مليء بالماء والحب والفن والجمال، فهو ظمآن لأنه ما زال يجري وسط الصّحراء يتجه إلى الشّمال وبقوة. لم يكف عن الفيضان ولا الجريان، فهو في حركته وإروائه أرض مصر لم يكتفِ ولم يشبع، فسَكِرَ النّاس في حبّه وهاموا على شطّه، فما أشبهه بكائن ذي سر رهيب! وما أشبه موجه بإنسان تائه غريب! وهكذا لم يسحر النّيل جميع الكائنات الظّاهرة فحسب، بل سحر بجماله العالم الخفي كله.

ومن بداية الفقرة الثانية يخاطب الشّاعر النّيل نفسه ويصفه بواهب الخلد للزّمان، لأنه أبدي مثله وهو الذي أعطى الزّمان دلالة ومعنى، لأن به قامت الحضارة وبه تأرّخ الزّمن، وساقي الحبّ والأغاني لأنه ملهم الإنسان في هاذين المجالين. ويطلب منه أن يسقيه من إلهام الحبّ والأغاني وألا يكفّ عن سقيه، بل فقط يدعه يهيم كالطّير في الحدائق. ويغرق الشّاعر في عشق النّيل والهيام به حتى يتمنّى أن يصبح جزءًا من عالم النّيل السّاحر فيغدو موجة، وبذا يستطيع أن يحادث النّيل ويحكي إلى لياليه ما حرّك وهيّج مشاعره ويغدو جارًا للرّياح ويسكب النّور للعاشقين، فإن أحرقته لوعة العشق كانت رياح الليل طبيبه ومعالجه.

ويواصل الشّاعر مناجاته للنّيل في الفقرة الثّالثة ويخبره أنه تخيل في شطّه الجميل ما قالت الرّيح للنّخيل، وكأنّه أدرك الحديث بينهما، فهو قد انفصل عن العالم الواقعيّ للبشر ويعيش الآن حالة نشوة في عالم خياليّ، حيث يتخيل الطّير يسبّح أو يغني ويشرح الحبّ لنباتات الزّينة الجميلة النامية على شطّ النّيل، فتتراءى له أغصن الأشجار كصبايا تشرب من ماء النّيل وقت غروب الشّمس التي تبدو له كخمر، وذاك زورق يسري بفعل الشّوق والحنين وتلك فرحة العذارى تهيم وتجري وتثير الهيام بالنّيل كأنّه نار حمل الشّاعر من سحرها نصيبه ونال منها حتى شبع.

فالشّاعر قد أطال النّظر في مشهد جريان النّيل وحوله النّخيل والشّجر، والشّمس تسقط فيه فتحول لون مائه خمريًا فذاب عشقًا في ذلك المشهد السّاحر، فاندمج فيه كأحد مكوّناته، وصار يسمع ما تقوله الرّياح، ويفهم ما تقوله الطّيور ويرى ماء النّيل خمرًا وأغصان الشجر بناتٍ تشرب من ذلك الخمر. إذن لقد خبر الشّاعر تجربة شعوريّة جنح فيها الخيال على الحقيقة وغلب عليها فإذا به يثمل ويُدرِك ما لا يُدرَك ويَسمع ما لا يُسمَع ويفهم ما لا يُفهَم. وكان بطل هذا المشهد والفاعل فيه هو نهر النيل وما الشّاعر إلا منفعل بالمشهد متأثر به حتى هاجت عواطفه وخرجت لنا في شكل هذه القصيدة متماسكة البناء خياليّة المعنى ساحرة التّأثير.

ملاحظات

ظمآنُ والكأس في يديه: (ظمآنُ) لم تنون لأنها ممنوعة من الصرف فلا نقول (ظمآنٌ)، ومثلها كل الصفات على وزن (فَعْلان) ومؤنثه (فَعْلى).

ولم يَزَلْ ينشد الديار: (يزل) فعل مضارع مجزوم بعد (لم) وعلامة جزمه السكون، وحُذف حرف العلة لوقوعها قبل ساكن.

يا واهبَ الخلد للزمان: (واهب) منادى منصوب وعلامة نصبه الفتحة لأنه مضاف.

هاتِ اسقني واسقني ودعني: (هاتْ) فعل أمر مبني على السكون، ولكن يجوز وضع كسرة على آخر حرف بدلًا منها لوقوعها قبل الألف المكسورة في (اِسقني). (دعني) فعل أمر مبني على السكون.

فإن كواني الهوى وطار كانت رياح الدجى طبيبي: (إن) أداة شرط، و(كواني) فعل الشرط جاء في الماضي، و(كانت) جواب الشرط جاء في الماضي أيضًا.

التدريبات

١- أسئلة الفهم والاستيعاب:

أ ما رأيك في القصيدة التي تغنى بها الشّاعر في حب النّيل؟

ب ما رأيك في تشبيهات الشّاعر في القصيدة؟

ت لماذا سمّى الشّاعر قصيدته "النّهر الخالد"؟

٢- أكمل الجمل الآتية بكلمات من عندك:

أ مددت جسدي على .... البحر أستريح وأتأمل السّماء.

ب .... النّبات يا سوزان، فهو في حاجة إلى ماء الآن.

ت .... أختك وحدها يا حسن، فهي لا تريد التحدث إلى أحد.

ث كان .... البحر عاليًا جدًا بسبب العاصفة.

ج تتميز واحة سيوة بعدد كبير من .... ينتج تمرًا رطبًا لذيذًا.

٣- اختر الإجابة الصحيحة من بين الأقواس:

أ كنت في رحلتي في الصّحراء .... جدًا حتى إني قررت إنهاء الرحلة.

(حيران – ظمآن – الجِنان)

ب لقد شعرت أن الأحزان .... قلبها ولم تحتمل أي خبر حزين جديد.

(سقت – دعت – كوت)

ت .... المؤمن لله وحمده على ما رزقه.

(سبّح – شكر – دعا)

ث لقد فقدوا الاتصال ببعضهم البعض وكان عدد .... كبير.

(الظّمآنين – الخالدين – التائهين)

ج لم يكن جمالها عاديًا، بل .... جذابًا.

(خالدًا – ساحرًا – تائهًا)

٤- صل الكلمة بعكسها:

رحيب	صبيان
هات	ضيّق
نور	خُذْ
صبايا	ظلام

٥- صحّح الكلمات التي تحتها خطّ في الجمل الآتية:

أ لم يحكِ المدرّس درس اليوم بطريقة جيّدة.

ب كان شرب الماء محرَّمًا في دينه لأنها قد تُذْهِبُ العقل.

ت مارست التّجديف وحدها في سفينة في النيل.

ث كانت الشّمس ساطعة وتبدو متوهجة في ذلك اليوم فبحثت عن أي أشجار أجلس تحت أغصانها أستريح.

ج لم أدرس الهندسة بل الأدب لأني أردت أن أكون رسامًا.

٦- استخرج من النّصّ:

٤ أسماء فاعل (واذكر الأفعال المشتقّة منها) – فعل مرتبط بنون النّسوة – أسلوب شرط – منادى (وأعربه) – فعل مضارع منفي (وأعربه)

٧- ضع الكلمات الآتية في جمل من عندك:

زاد – سُكارى – رهيب – سكب – نصيب – أَغْصُن – خمرة

٨- ناقش مع المدرّس المذهب الأدبيّ الذي تنتمي إليه القصيدة.

١٧

أقبل الليل

YouTube

١٧

أقبل الليل

١٩٦٩

كلمات: أحمد رامي - ألحان: رياض السّنباطيّ - غناء: أم كلثوم

أَقْبَلَ اللَّيْلُ يا حبيبي،
أَقْبَلَ اللَّيْلُ وَناداني حَنيني يا حَبيبي.
وَسَرَتْ ذِكْراكَ طَيفًا هامَ في بَحْرِ ظُنوني،
يَنْشُرُ الماضي ظِلالًا كُنَّ أُنْسًا وَجمالًا.
فَإذا قَلْبي يَشْتاقُ إلى عَهْدِ شُجوني،
وَإذا دَمْعي يَنْهَلُّ عَلى رَجْعِ أَنيني.
يا هُدى الحَيْران في لَيْلِ الضَّنى،
أَيْنَ أَنْتَ الآن بَلْ أَيْنَ أَنا؟
أَنا قَلْبُ خَفّاقُ في دُنْيا الْأَشْواق،
أَنا روحُ هَيْمانُ في وادي الْأَشْجان،
تاهَ فِكْري بَيْنَ أَوْهامي وَأَطْيافِ الْمُنى.
لَسْتُ أَدْري يا حَبيبي مَنْ أَنا، أَيْنَ أَنا.
يا بَعيدَ الدّار عَنْ عَيْني وَمِنْ قَلْبي قَريبًا،
كَمْ أُناديكَ بِأَشْواقي وَلا أُلْقِي مُجيبًا.

تُقْبِلُ الدُّنْيا عَلى أَهْلِ الْهَوى أُنْسًا وَطيبًا،
وَفُؤادي كادَ مِنْ فَرْطِ حَنيني أَنْ يَذوبَ.
لَوْ عُدْتَ لي رَدَّ الزَّمانُ إِلَيَّ سالِفَ بَهْجَتي،
وَنَسَيْتُ ما لَقَيْتُ مِنْهُ في لَيالي وِحْدَتي.
يا هُدى الحَيْران في لَيْلِ الضَّنى،
أَيْنَ أَنْتَ الآن؟ بَلْ أَيْنَ أَنا؟
تاهَ فِكْري بَيْنَ أَوْهامي وَأَطْيافِ الْمُنى،
لَسْتُ أَدْري يا حَبيبي مَنْ أَنا، أَيْنَ أَنا.
أَواه يا لَيْلُ طالَ بي سَهري،
وساءَلَتْني النُّجومُ عَنْ خَبَري،
ما زِلْتُ في وِحْدَتي أُسامِرُها،
حَتّى سَرَتْ فيكَ نَسْمَةُ السَّحَرِ،
وَأَنا أَسْبَحُ في دُنْيا تَراءَتْ لِعُيوني
قِصَّةً أَقْرَأُ فيها صَفْحاتٍ مِنْ شُجوني،
بَيْنَ ماضٍ لَمْ يَدَعْ لي غَيْرَ ذِكْرى
عَنْ خَيالي لا تَغيبُ،
وَأَمانٍ صَوَّرَتْ لي في غَدٍ
لُقْيَةَ حَبيبٍ بِحَبيبٍ.
النَّومُ وَدَّعَ مُقْلَتي وَاللَّيْلُ رَدَّدَ أَنَّتي،
وَالْفَجْرُ مِنْ غَيْرِ اِبْتِسامِكَ لا يُبَدِّدُ وَحْشَتي.
يا هُدى الحَيْران في لَيْلِ الضَّنى،

أَيْنَ أَنْتَ الآن؟ بَلْ أَيْنَ أنا؟
تَاهَ فِكْري بَيْنَ أَوْهامي وَأَطْيافِ الْمُنى،
لَسْتُ أَدْري يا حَبيبي مَنْ أَنا، أَيْنَ أنا.
يا قَلْبي لَو طابَ لي زَماني
وَأَنْعَمَ الدَّهْرُ بالتَّداني،
تَبَسَّمَ الْفَجْرُ في عُيوني
وَغَرَّدَ الطَّيْرُ في لِساني،
وَبِتُّ مِنْ نَشْوَتي أُغَنّي
وَاللَّيْلُ يَرْوي الْحَديثَ عَنّي.
يا هُدى الحَيْران في لَيْلِ الضَّنى،
قَدْ غدَوْتُ الآنَ أَدْري مَنْ أَنا.
أَنا طَيْرٌ رَنّامٌ في دُنْيا الأَحْلامِ،
أَنا زَهْرٌ بَسّامٌ في صَفْوِ الْأَيامِ،
كُنْتُ وَحْدي بَيْنَ أَوْهامي وَأَطْيافِ الْمُنى،
وَالْتَقَيْنا فَبَدا لي يا حَبيبي مَنْ أَنا أَيْن أَنا.

المفردات

to come, approach	أَقْبَلَ، يُقْبِلُ، إقْبال
night	لَيْل
darling, beloved	حَبيب ج. أَحِبّاء، أَحِبّة، أحباب
to call	نادى، يُنادي، نِداء
longing, yearning	حَنين
to proceed, flow	سَرى، يَسْري، سَرَيان
memory	ذِكْرى ج. ذِكْرَيات
image, apparition	طَيْف ج. أَطْياف
to roam, rove, wander	هامَ، يَهيمُ، هَيْم/هَيَمان
sea	بَحْر ج. بُحور، بِحار
thought	ظَنّ ج. ظُنون
to spread	نَشَرَ، يَنْشُرُ، نَشر
past	ماضٍ
shadow	ظِلّ ج. ظِلال
to be	كانَ، يَكونُ، كَوْن
companionship, affability	أُنْس
beauty	جَمال
then	فَإذا
heart	قَلْب ج. قُلوب
to long, yearn for	اِشْتاقَ، يَشْتاقُ، اِشْتِياق
time, era	عَهْد ج. عُهود

sorrow	شَجَن ج. أَشْجان، شُجون
tear	دَمْعة ج. دَمْعات، دَمْع، دُموع، أَدْمع
to heavily fall, pour down	اِنْهَلَّ، يَنْهَلُّ، اِنْهِلال
echo	رَجْع
wail, moan, groan	أَنين
guidance	هُدى
confused, perplexed	حَيْران/حَيْرى ج. حَيَارى
exhaustion, debility	ضَنى
where	أَيْنَ
now	اَلْآن
but, rather	بَلْ
throbbing (heart)	خَفّاق/ة
longing, yearning	شَوْق ج. أَشْواق
soul, spirit	روح ج. أَرْواح
roaming, passionately in love	هَيْمان/هَيْمى ج. هِيام
valley	وادٍ ج. أَوْدِية، وِديان
to get lost, wander (thoughts)	تاه، يَتوه/يَتيه، تَوْه/تَيْه
thought	فِكْر
fantasy, delusion, doubt	وَهْم ج. أَوْهام
wish, desire, object of desire	مُنْية ج. مُنى
not	لَيْسَ
to be aware, know	دَرى، يَدْري، دِراية
far, distant	بَعيد/ة

house, home	دارَ ج. دور، دِيار
eye	عَيْن ج. عُيون (مؤنثة)
near, close	قَريب/ة
how often, how much/many	كَم
to meet, find	لَقِيَ، يَلْقى، لِقاء
one who answers	مُجيب/ة
family, people of	أَهْل ج. أَهالٍ
love	هَوى
goodness, pleasant fragrance	طِيب ج. طيوب، أطياب
heart	فُؤاد ج. أَفْئِدة
almost	كادَ، يَكادُ
excess, abundance	فَرْط
to melt	ذابَ، يَذوبُ، ذَوَبان
to come back, return	عادَ، يَعودُ، عَوْد/عَوْدة
to give back	رَدَّ، يَرُدُّ، رَدّ
time	زَمان ج. أَزْمِنة
previous, past, former	سالِف/ة
delight	بَهْجة
to forget	نَسِيَ، يَنْسى، نَسْي/نِسْيان
night	لَيْلة ج. لَيالٍ
loneliness	وِحْدة
an interjection of pain	أَواه
to be long	طالَ، يَطولُ، طول

staying up at night	سَهَر
to ask, question, interrogate	ساءَلَ، يُسائِلُ، مُساءَلة
star	نَجْم ج. نُجوم، أَنْجُم
news	خَبَر ج. أَخْبار
still, has continued to be	ما زالَ
to chat at night	سامَرَ، يُسامِرُ، مُسامَرة
breeze	نَسْمة ج. نسمات
before dawn	سَحَر ج. أَسْحار
to swim	سَبَحَ، يَسْبَحُ، سباحة
world	دُنْيا ج. دُنَى، دُنْيِيات
to appear, seem	تَراءى، يَتراءى، تَراءٍ
story	قِصّة ج. قِصَص
to read	قَرَأَ، يَقْرَأُ، قراءة
page	صَفْحة ج. صَفَحات
to let, leave	وَدَعَ، يَدَعُ، وَدْع
to be absent, leave	غابَ، يَغيبُ، غِياب
wish	أُمْنِية ج. أَمانٍ
to form, create, depict, illustrate	صَوَّرَ، يُصَوِّرُ، تَصْوير
tomorrow	غَد
to sleep	نامَ، يَنامُ، نَوْم
to leave, bid farewell	وَدَّعَ، يُوَدِّعُ، تَوْديع
eyeball	مُقْلة ج. مُقَل
repeat, return	رَدَّدَ، يُرَدِّدُ، تَرْديد

moan, groan	أَنّة ج. أَنّات
dawn	فَجْر
without	مِنْ غير
to smile	اِبْتَسَمَ، يَبْتَسِمُ، اِبْتِسام
to disperse, waste	بَدَّدَ، يُبَدِّدُ، تَبْديد
loneliness, gloom	وَحْشة
to be good, pleasant or agreeable, to get better	طابَ، يَطيبُ، طِيب/طِيبة
to give, bestow, confer	أَنْعَمَ، يُنْعِمُ، إِنْعام
time, age, epoch	دَهْر ج. دُهور، أَدْهُر
to get close	تَدانى، يَتَدانى، تَدانٍ
to smile	تَبَسَّمَ، يَتَبَسَّمُ، تَبَسُّم
to sing (birds), chirp	غَرَّدَ، يُغَرِّد، تَغْريد
bird	طَيْر ج. طُيور
tongue	لِسان ج. أَلْسُن، أَلْسِنة
to become, to stay overnight	باتَ، يَباتُ/يَبيتُ، مَبيت
ecstasy	نَشْوة
to sing	غَنّى، يُغَني، غِناء
to relate, narrate	رَوي، يَرْوي، رِواية
speech	حَديث ج. أَحاديث
singing (birds)	رَنّامة
dream	حُلْم ج. أَحْلام
flower	زَهْر ج. أَزْهار، زُهور

one who smiles a lot	بَسّام/ة
purity	صَفْو
day	يَوْم ج. أيام
by myself	وَحْدي
to meet	اِلْتَقى، يَلْتَقي، اِلْتِقاء
to appear, become clear	بَدا، يَبْدو، بَدْو

التعليق

شدت كوكب الشّرق أم كلثوم بقصيدة "أقبل الليل" من كلمات الشّاعر أحمد رامي وألحان الموسيقار رياض السّنباطيّ لأول مرة بتاريخ ٤ ديسمبر ١٩٦٩ في قاعة دار سينما قصر النّيل بالقاهرة، حيث كانت أولى أغنياتها التي بدأت السّاعة العاشرة مساءً من يوم الخميس في بداية الموسم الجديد. وكان من عادة أم كلثوم أن تقدم الأغنية الجديدة في الوصلة الثانية، كما اعتاد مستمعوها طوال السّنوات الأخيرة، ولكنها خالفت القاعدة هذه المرة وبدأت بقصيدة "أقبل الليل."

يلاحظ أن قصيدة "أقبل الليل" هي أول عمل فنيّ يجتمع فيه أم كلثوم ورياض السّنباطي وأحمد رامي منذ سبع سنوات، فقد كان آخر عمل غنائيّ للثّلاثة معًا هو أغنية "حيّرت قلبي" التي غنتها السيدة عام ١٩٦٢، وهي الأغنية رقم ١٥٠ التي كتبها الشّاعر الغنائيّ أحمد رامي لأم كلثوم واللحن رقم ٧٥ الذي يضعه رياض السنباطيّ لعملاقة الطّرب العربي. استغرق عزف المقدمة الموسيقيّة فيها ثمانِ دقائق وقد اعتمدت اعتمادًا أساسيًا على آلتي الناي والقانون، وقد استمرّت السّيدة تصدح بحنجرتها الذّهبية قرابة ساعتين كاملتين، لقد سجّلت أكثر من مائة عدسة تفاصيل الحفل. ولقد أجرت أم كلثوم ٥٠ بروفة على الأغنية قبل إذاعتها أمام الجمهور. ولقد بيعت أسطوانة الأغنية في نهاية الحفل وانهالت عليها الطّلبات حتى نفدت الكمية المعروضة.

ويحدثنا الشّاعر في قصيدته عن غياب حبيبته عنه ويخبرنا عن المشاعر التي انتابته في ليلة من الليالي التي قضاها في غياب حبيبته، ولكن لماذا جعل قدوم الليل خاصةً عنوان وموضوع قصيدته؟ للإجابة على هذا السّؤال، لابد وأن نعرف أن الليل ظهر في

الأدب العربيّ كأهمّ الصّور الشّعريّة منذ نشأته وحتّى عصرنا الحديث. فالليل هو الصّديق والرّفيق والأنيس وفي أحيان أخرى هو الغادر المؤلم القاتل. ربما كان الليل يغري الكاتب بصمته وهدوئه للإنصات والتفكر والبكاء أو الخوف والحنين والانتظار. الليل هو السكون والجمال والهيبة والخوف والبرد والدفء. لهذا أخذ الليل مساحة شاسعة في الشّعر العربيّ منذ العصر الجاهليّ إلى العصر الحديث.

لقد توقّف الشّاعر العربيّ طويلًا أمام هذه الظّاهرة الطّبيعيّة التي استطاعت أن تتجلى بوضوح وبقوّة في كل تعابيره وإحساسه وقصائده، فالشّاعر عدّ الليل جزءًا لا يتجزأ من حياته وصديقًا ملازمًا له بدقائقه وثوانيه وكل لحظاته، فمنهم من رأى في الليل فرصة لانهمار الدّمع والبكاء على النّفس، كما يقول أبو فراس الحمدانيّ (٩٣٢–٩٦٨م):

إذا الليل أضواني بسطت يد الهوى وأذللت دمعًا من خلائقه الكبر

ومنهم من رأى الليل همًّا ثقيلًا كالشّاعر بشّار بن برد (٧١٤–٧٨٣م) حين قال:

وطال علي الليل حتى كأنه بليلين موصول فما يتزحزح

ومنهم من تخيّل الليل امتدادًا للألم والقلق والحيرة كالشّاعر القيروانيّ (القرن ١١م) حين قال:

يا ليل الصّبّ متى غده أقيام السّاعة موعده

وها هو شاعرنا قد جعل قدوم الليل عنوان قصيدته ومحورها. فقد أقبل الليل وانتابه الحنين إلى حبيبته وطافت ذكراها في خياله وتذكر ماضيهما معًا حين كانت أنيسه، فإذا قلبه يشتاق إليها وإلى ذلك العهد بينهما وإذا دموعه تنهمر على إثر ذلك الشّوق. فيتساءل أين الهدى بعد ذلك الحزن وتلك الحيرة التي يعانيها في هذا الليل المضني، لا بل أين هو نفسه، لقد تاه عن الرّشد وتاه عن نفسه بعد غياب حبيبته، فما هو الآن سوى قلب خفّاق في دنيا الأشواق، وما هو إلا روح هيمان في عالم من الأحزان، ولقد ضاعت كل أفكاره بين أوهامه وأمانيه فلم يعد يدري من هو أو أين هو.

ويخاطب حبيبته في البيت الثّالث عشر ويناديها ببعيدة الدار الغائبة عن عينه لكنها قريبة إلى قلبه، يخبرها كم يناديها بأشواق ولا يجد منها ردًا، فيتحسر على حاله حيث يعيش كل المحبّين حياة آنسة طيبة وقلبه وحده كاد يذوب من شدة اشتياقه لها. فلو عادت

له تعود له سالف بهجته التي خبرها معها في الماضي ونسي ما عاناه في ليالي وحدته.

ولقد طال سهره في الليل فكانت النّجوم أنيسته الوحيدة في وحدته فسألته عن سبب سهره فظل يسامرها طول الليل حتى الفجر وإذا به يهيم في عالم غريب بين أمرين، ماضيه الجميل مع حبيبته الذي لا يغيب عن خياله وأمانيه أن يلقاها ثانية في المستقبل، ولم يأته النّوم ليستريح وأنّى له أن يستريح وهو تائه؟ وشعر الليل نفسه بحزنه فردّد معه أنينه ولم ينتشله الفجر مما هو فيه، فما معنى الفجر بدون ابتسام حبيبته؟

فيتخيّل ويتمنّى الشّاعر لو يتغيّر لحاله ويرفق الزّمن به وتعود حبيبته له، حينها يغدو فجره مشرقًا سعيدًا وحينها يغرّد الشّاعر كالطّير ويغني لفرحته ونشوته بلقاء حبيبته وحينها يروي الليل ما لقيه الشّاعر في غيابها. وكانت المفاجأة أن حبيبته عادت له، فإذا بالشّاعر يجد نفسه ويدرك هويته. فهو الآن طائر مغرّد سعيد بلقاء حبيبته، هو فم يبتسم للأيام الصافية. لقد كان وحده تائهًا بين أوهامه وأمانيه وها هو يلتقي حبيبته فيدرك من هو وأين هو.

ملاحظات

فإذا قلبي يشتاق إلى عهد شجوني: (إذا) حرف مفاجأة لا محل له من الإعراب، يختص بالجملة الاسمية والاسم بعده مبتدأ و(ف) حرف ابتداء. مثل: دخلت غرفة نومي فإذا زوجتي نائمة.

فؤادي كاد من فرط حنيني أن يذوب: (كاد) فعل ماضٍ ناقص بمعنى قَرُبَ، يدخل على الجملة الاسمية فيرفع المبتدأ ويسمى اسمه. وهنا (فؤادي) مبتدأ و(يذوبُ) خبر، ويجوز نحويًا حذف (أن) ونقول "فؤادي كاد من فرط حنيني يذوبُ." دائمًا الخبر بعد (كاد) فعل مضارع مع استخدام (أن) أو بدونها. من أخوات كاد: أَوْشَكَ وكَرَبَ، ولهما نفس المعنى، وتسمى كلها أفعال المقاربة.

بين ماضٍ لم يدع لي غير ذكرى: (يَدع) فعل مضارع وماضيه (وَدَعَ) وتحذف الواو في المضارع. مثل: وَصَلَ، يصِل ووَعَدَ، يَعِدُ. و(ذكرى) تُعرب هنا مضاف إليه (لوقوعها بعد غير) مجرور بالكسرة المقدرة لأنها تنتهي بألف مقصورة.

بِتُّ من نشوتي أغني: (بات) فعل ماض ناقص من أخوات كان، يدخل على الجملة

الاسمية فيرفعِ المبتدأ ويسمى اسمه وينصب الخبر ويُسمّى خبره، ومعناه أصبح. ومن أخوات كان: أَصْبَحَ، أَضْحى، أَمْسى، صارَ، ظلَّ.

قد غدوت الآن أدري من أنا: (غدا) فعل ماضٍ ناقص ملحق بأخوات كان، يدخل على الجملة الاسمية فيرفع المبتدأ ويُسمّى اسمه وينصب الخبر ويُسمّى خبره. مثل: غدا الطالبُ ممتازًا.

التدريبات

١- أسئلة الفهم والاستيعاب:

أ   ماذا فعلت الذّكرى بالشّاعر؟

ب   ماذا يحدث للشّاعر لو عادت حبيبته له؟

ت   هل حبيبة الشّاعر عادت له؟ وكيف عرفت؟

٢- أكمل الجمل الآتية بكلمات من عندك:

أ   كم شعرت في الغربة بالـ _____ إلى الوطن حتى عدت له في النّهاية.

ب   لم أكن أتوقع منه أن يخون _____ الصّداقة الذي بيننا.

ت   وكادت من _____ سعادتها تموت.

ث   أفضل _____ ليلة الإجازة وأقضيها في قراءة الكتب.

ج   بعد وفاة حبيبته _____ له الدنيا قاتمة كئيبة.

٣- اختر الإجابة الصحيحة من بين الأقواس:

أ   تسبّب الجبال _____ صوت الصّارخ بينها ويسمى هذا الصدى.

   (عَهْد – رَجْع – أُنس)

ب   أسس جوهر الصقليّ القاهرة في شمال _____ النّيل.

   (أرض – وادي – أطياف)

ت   كثيرًا ما دعا الشّعراء النّاس التي تعيش قصة حب "_____ الهوى."

   (ناس – شعب – أهل)

ث   بينما تمشي بعض الحيوانات على الأرض وتطير الطيور في الهواء _____ الأسماك في الماء.

   (تغطس – تغوص – تسبح)

ج قرأت كل ________ هذا الكتاب ولم أجد ما تقوله به.

(أوراق - صفحات - أطياف)

٤- صل الكلمة بعكسها:

بحر	ضلال
هدى	أنس
أوهام	عَكَر
وحدة	بر
صفو	حقائق

٥- صحّح الكلمات التي تحتها خطّ في الجمل الآتية:

أ قبح الرّيف ليس في مساحاته الخضراء الواسعة فقط وإنما في هدوئه ونقاء الهواء فيه أيضًا.

ب قلبي يضرب بشدة لا أعرف ما سبب اضطرابي.

ت فجأة وجدت نفسي وحدي في ميدان كبير وظللت أنادي لكني لم أجد سائلاً.

ث انتقلت للعيش في إنجلترا منذ عام ٢٠٠٥ ولست أبقى بها حتى الآن لدراسة اللغة الإنجليزيّة.

ج كان كثيرًا ما يشرب الخمر ويسكر لدرجة لقبه أصحابه بالسكران.

٦- استخرج من النّصّ:

كلمات مرادفة للآتي: صدى - خيال - أحزان - بهاء - زَمَن - فؤاد - ضلَّ - تمني - رَجَعَ - أعرف - أعوم

٧- ضع الكلمات الآتية في جمل من عندك:

ذكرى - تراءى - انهلّ - خَفّاق - وادٍ - دار - طال

٨- ناقش المدرّس في رأيك في الأغنيّة ولحنها خاصّة المقدمة الموسيقية.

١٨

حديث الرّوح

١٨

حديث الرّوح

١٩٦٧

كلمات: محمد إقبال - ألحان: رياض السُّنباطي - غناء: أم كلثوم

حَديثُ الرُّوحِ لِلْأَرْواحِ يَسْري وَتُدْرِكُهُ القُلوبُ بِلا عَناءِ،
هَتَفْتُ بِهِ فَطارَ بِلا جَناحٍ وَشَقَّ أَنينُهُ صَدْرَ الفَضاءِ،
وَمَعْدِنُهُ تُرابيٌّ وَلَكِنْ جَرَتْ في لَفْظِهِ لُغَةُ السَّماءِ.
لَقَدْ فاضَتْ دُموعُ العِشْقِ مِنّي حَديثًا كانَ عُلْوِيَّ النِداءِ،
فَحَلَّقَ في رُبى الأَفْلاكِ حَتّى أَهاجَ العالَمُ الأَعْلى بُكائي.
تَحاوَرَت النُّجومُ وَقُلْنَ: صَوْتٌ بِقُرْبِ العَرْشِ مَوْصولُ الدُّعاءِ.
وَجاوَبَت المَجَرَّةُ: عَلَّ طَيْفًا سَرى بَيْنَ الكَواكِبِ في خَفاءِ.
وَقالَ البَدْرُ: هَذا قَلْبُ شاكٍ يُواصِلُ شَدْوَهُ عِنْدَ المَساءِ،
وَلَمْ يَعْرِفْ سِوى رِضْوانِ صَوْتي وَما أَحراهُ عِنْدي بِالْوَفاءِ.
شَكْوايَ أَمْ نَجْوايَ في هَذا الدُّجى وَنُجومَ لَيْلي حُسَّدي أَمْ عُوَّدي؟
أَمْسَيْتُ في الماضي أَعيشُ كَأَنَّما قَطَعَ الزَّمانُ طَريقَ أَمْسي عَنْ غَدي.
وَالطَّيْرُ صادِحَةٌ عَلى أَفْنانِها تَبْكي الرُّبى بِأَنينِها المُتَجَدِّدِ،

قَدْ طَالَ تَسْهِيدِي وَطَالَ نَشِيدُهَا وَمَدَامِعِي كَالطَّلِّ فِي الْغُصْنِ النَّدِي.

فَإِلَى مَتَى صَمْتِي كَأَنِّي زَهْرَةٌ خَرْسَاء لَمْ تُرْزَقْ بَرَاعَةُ مُنْشِدِ؟

قِيثَارَتِي مُلِئَت بِأَنَّاتِ الْجَوَى، لَابُد لِلْمَكبوت مِنْ فَيْضَان.

صَعَدَتْ إِلَى شَفَتِي خَوَاطِرُ مُهْجَتِي لِيُبِينَ عَنْهَا مَنْطِقِي وَلِسَانِي.

أَنَا مَا تَعَدَّيْتُ الْقَنَاعَةَ وَالرِّضَا لَكِنَّهَا هِيَ قِصَّةُ الْأَشْجَان.

يَشْكو لَكَ اللَّهُمَ قَلْبٌ لَمْ يَعِشْ إِلّا لِحَمْدِ عُلاكَ فِي الْأَكْوَان.

مَنْ قَامَ يَهْتِفُ بِاسْمِ ذَاتِكَ قَبْلَنَا؟ مَنْ كَانَ يَدعو الْوَاحِدَ الْقَهَّارَ؟

عَبَدوا الْكَوَاكِبَ وَالنُّجومَ جَهَالَةً لَمْ يَبْلُغوا مِنْ هَدِيها أَنْوَارًا.

هَلْ أَعْلَنَ التَّوْحِيدَ دَاعٍ قَبْلَنَا وَهَدى الْقُلوبَ إِلَيْكَ وَالْأَنْظَارَ؟

نَدعو جِهَارًا لا إِلَهَ سِوى الَّذِي صَنَعَ الْوُجودَ وَقَدَّرَ الْأَقْدَارَ.

إِذا الْإِيمَانُ ضَاعَ فَلا أَمَانُ وَلا دُنْيا لِمَنْ لَمْ يُحْيِ دِينًا،

وَمَنْ رَضِيَ الْحَيَاةَ بِغَيْرِ دِينٍ فَقَدْ جَعَلَ الْفَنَاءَ لَها قَرِينًا.

وَفِي التَّوْحِيدِ لِلْهِمَمِ اتِّحَادُ، وَلَنْ تَبْنوا الْعُلا مُتَفَرِّقِينَ.

أَلَمْ يُبْعَثْ لِأُمَّتِكُمْ نَبِيٌّ يُوَحِّدُكُمْ عَلى نَهْجِ الْوِئَام؟

وَمُصْحَفُكُمْ وَقِبْلَتُكُمْ جَمِيعًا مَنارًا لِلْأُخُوَّةِ وَالسَّلَام،

وَفَوْقَ الْكُلِّ رَحْمَنٌ رَحِيمٌ إِلَهٌ وَاحِدٌ رَبُّ الْأَنَام.

المفردات

talk, conversation	حَديث ج. أَحاديث
soul, spirit	روح ج. أَرْواح
to proceed, flow	سَرى، يَسْري، سَرَيان
to perceive, be aware	أَدْرَكَ، يُدْرِكُ، إدْراك
heart	قَلْب ج. قُلوب
strain, difficulty	عَناء
to shout, call out	هَتَفَ، يَهْتِفُ، هُتاف
to fly	طارَ، يَطيرُ، طَيَران
wing	جَناح ج. أَجْنِحة
to split, rift	شَقَّ، يَشُقُّ، شَقّ
moan, groan	أَنين
front, chest	صَدْر ج. صُدور
space	فَضاء
metal, essence	مَعْدِن ج. مَعادِن
earthen, made of dust	تُرابي/ة
but	لَكِنْ
to run	جَرى، يَجْري، جَرْي
expression, utterance	لَفْظ ج. أَلْفاظ
language	لُغة ج. لُغات
sky, heaven	سَماء ج. سَموات
to overflow, inundate	فاضَ، يَفيضُ، فَيْض

دَمْعة ج. دَمْعات، دَمْع، دُموع، أدْمُع	tear
عَشِقَ، يَعْشَقُ، عِشْق	to passionately love, adore
عُلْوي/ة	sublime, upper, divine
نادى، يُنادي، نداء	to call
حَلَّقَ، يُحلِّقُ، تَحْليق	to soar
رَبْوة ج. رُبى	hill
فَلَك ج. أَفْلاك	celestial sphere, orbit
حَتّى	even, until
أَهاجَ، يُهيجُ، إهاجة	to agitate, stimulate
عالَم ج. عَوالم	world
أَعْلى/عُلْيا	highest, supreme
بَكى، يَبْكي، بُكاء	to cry
تَحاوَرَ، يَتَحاوَرُ، تَحاوُر	to converse
نَجْم ج. نُجوم، أَنْجُم	star
قالَ، يَقولُ، قَوْل	to say
صَوْت ج. أَصْوات	voice, sound
بِقُرْب	near to
عَرْش ج. عُروش	throne
مَوْصول/ة	linked, connected
دُعاء	prayer
جاوَبَ، يُجاوِبُ، مُجاوَبة	to respond
مَجَرّة ج. مَجَرّات	galaxy
عَلَّ	maybe, perhaps

ghost, image	طَيْف ج. أَطْياف
between, among	بَيْنَ
planet	كَوْكَب ج. كَواكِب
secretly	في خَفاء
full moon	بَدْر ج. بُدور
complainer	شاكٍ/شاكِية
to continue	واصَلَ، يُواصِلُ، وِصال/مُواصَلة
to sing	شَدا، يَشْدو، شَدْو
at	عِنْد
evening	مَساء
to know	عَرَفَ، يَعْرِفُ، مَعْرِفة
except	سِوى
consent, satisfaction, contentment	رِضْوان
worthy, suitable	حَرِي ج. أَحْرِياء
loyalty	وَفاء
complaint	شَكْوى ج. شَكاوى
soliloquy, inner monologue	نَجْوى ج. نَجاوى
gloom, darkness	دُجى
night	لَيْل
envier, ill-wisher	حاسِد/ة ج. حُسَّد
visitor (visiting a sick person)	عائِد/ة ج. عُوَّد
to become	أَمْسى، يُمْسي، إِمْساء
past	ماضٍ

to live	عاشَ، يَعيشُ، عَيْش
as if	كَأنَّما
to cut	قَطَعَ، يَقْطَعُ، قَطْع
time	زَمان ج. أَزْمِنة
way, road	طَريق ج. طُرُق
tomorrow	غَد
bird	طَيْر ج. طُيور
singing (birds)	صادِح/ة
branch	فَنَن ج. أَفْنان
renewed	مُتَجَدِّد/ة
to be long	طالَ، يَطولُ، طول
insomnia, sleeplessness	تَسْهيد
song, hymn	نَشيد ج. أَناشيد
lachrymal gland	مَدْمَع ج. مَدامِع
fine rain, drizzle	طَلّ ج. طِلال
branch, bough	غُصْن ج. أَغْصان
dewy	نَديّ/ة
when	مَتى
silence	صَمْت
as if	كَأَنّ
flower	زَهْرة ج. زَهْر، أَزْهار، زُهور
mute	أَخْرَس/خَرْساء
to endow	رَزَقَ، يَرْزُقُ، رِزْق

ingenuity, skill	بَراعة
singer	مُنْشِد ج. مُنْشِدون
lyre	قيثارة
full	مَلْآن/مَلْأى
moan, groan	أنّة ج. أنّات
ardent love and its subsequent sorrow	جَوى
no escape, inevitably	لابُد
suppressed	مَكْبوت/ة
flood, inundation, deluge	فَيَضان
to rise, go up	صَعِدَ، يَصْعَدُ، صُعود
lip	شَفة ج. شِفاه
idea, thought	خاطِرة ج. خَواطِر
soul, literally: the heart's blood	مُهْجة ج. مُهْجات، مُهَج
to express, reveal	أبانَ، يُبينُ، إبانة
logic	مَنْطِق
tongue	لِسان ج. ألْسُن، ألْسِنة
to transgress	تَعَدّى، يَتَعَدّى، تَعَدّي
contentment	قَناعة
satisfaction	رِضا
story	قِصّة ج. قِصَص
sorrow	شَجَن ج. أشْجان، شُجون
to complain	شَكا، يَشْكو، شَكْو/شَكْوى
used to address God in prayers	اللَّهُمَ

to thank	حَمِدَ، يَحْمَدُ، حَمْد
altitude, highness, sublimity	عُلا
universe	كَوْن ج. أَكْوان
to set out to do, rise	قامَ، يَقومُ، قِيام
name	اِسْم ج. أَسْماء
essence, self	ذات
the One (God)	الواحِد
the Subduer (God)	القَهَّار
to worship	عَبَدَ، يَعْبُدُ، عِبادة
ignorance	جَهالة
to reach	بَلَغَ، يَبْلُغُ، بُلوغ
guidance	هَدْي
light	نور ج. أَنْوار
announce, reveal	أَعْلَنَ، يُعْلِنُ، إعْلان
monotheism	التَّوْحيد
apostle, preacher, messenger	داعٍ/داعِية
sight, attention	نَظَر ج. أَنْظار
openly	جَهارًا
god	إلَه ج. آلِهة
to make, create	صَنَعَ، يَصْنَعُ، صِناعة/صُنْع
existence	الوُجود
to predestine, determine	قَدَّرَ، يُقَدِّرُ، تَقْدير
fate, destiny	قَدَر ج. أَقْدار

آمَنَ، يُؤْمِنُ، إيمان	to believe
ضاعَ، يَضيعُ، ضَياع	to be lost
أَمان	safety
دُنْيا ج. دُنَى، دُنْيَيات	world
أَحْيا، يُحْيِي، إحْياء	to vitalise, endow with life
دين ج. أَدْيان	religion
حَياة ج. حَيوات	life
بِغَيْرِ	without
جَعَلَ، يَجْعَلُ، جَعْل	to make, let
فَناء	annihilation, extinction
قَرين ج. قُرَناء	companion, equivalent
هِمّة ج. هِمَم	endeavor, determination
اِتِّحاد	unity
بَنى، يَبْني، بِناء/بُنْيان	to build
مُتَفَرِّق/ة	separated
بَعَثَ، يَبْعَثُ، بَعْث	to send
أُمّة ج. أُمَم	nation, people
نَبِي ج. أَنْبِياء	prophet
وَحَّدَ، يُوَحِّدُ، تَوْحيد	to unify
نَهْج	path
وِئام	harmony
مُصْحَف ج. مَصاحِف	a copy of the Quran
قِبْلة	qibla, direction of Muslim prayer

جَميع	all
مَنار ج. مَنارات	lighthouse, beacon
أُخُوّة	fraternity, brotherhood
سَلام	peace
الرَّحْمَن	the Compassionate (God)
الرَّحيم	the Merciful (God)
رَبّ ج. أَرْباب	god
أَنام	humankind, creatures

التعليق

غنّت أم كلثوم أغنية "حديث الرّوح" لأول مرة عام ١٩٦٧ من نظم الشّاعر والفيلسوف الباكستانيّ محمد إقبال وألحان الموسيقار رياض السّنباطي، وهي عبارة عن أبيات مقتطفة من قصيدتي "الشّكوى" و"جواب الشّكوى" اللتين نظمهما الشّاعر باللغة الأرديّة ونُشرت بديوان "صلصلة الأجراس" (بالأردية "بانك دورا") الذي صدر عام ١٩٢٤. وقد ترجم القصيدتين إلى العربية نظمًا الشاعر المصري محمد حسن الأعظمي وأعاد صياغتهما الصاوي شعلان.

وتنقسم القصيدة إلى جزئين أولهما "الشّكوى" وفيها يشكو الشّاعر إلى الله سوء حال المسلمين بعد أن كانوا سادة الدّنيا وروّاد حضارتها، وبعد أن ملؤوها عدلًا وعلمًا ونورًا وحريةً وإذا بهم في العصر الحديث مقهورين مستذلّين متخلّفين عن ركب الحضارة يعانون من الضعف والهوان والتّفرّق. بينما في القسم الثّاني وهو "جواب الشّكوى" يبدو من معنى الأبيات وكأن الله يكشف فيها عن سر تراجع الأمة الإسلاميّة وضعفها وهوانها على النّاس، ويقرّه على أن حالها كان بالفعل كما وصفها إقبال في عهد مجدها وازدهارها وكيف كان السّلف من أبطالها وعلمائها والمجتهدين من أبنائها ينشطون في كل مجالات الحياة حتّى ملؤوا العالم عدلًا ورخاءً وعلمًا ونورًا، ولكن خلف من بعدهم قوم آخرون أضاعوا الصّلاة وأهملوا العلم والجهاد ووضعوا القرآن وراء ظهورهم فخفت حبّهم لله ولرسوله فانطفأت أرواحهم وخارت عزائمهم وانشغلوا بسفاسف الأمور.

وقد انتشرت القصيدة انتشارًا واسعًا بعد أن قامت أم كلثوم بغناء بعض من أبياتها المترجمة، وقد تم تبديل بعض الكلمات وترتيب الأبيات حتى تتماشى مع اللحن وتوالت التعديلات على هذا الجزء من القصيدة على خلاف ما كتبه الشّاعر محمد إقبال، إذ أهملت أم كلثوم بعض المقاطع منها.

وتخبرنا القصيدة عن تجربة خاصّة جدًا للشّاعر، تجربة لم يخبرها عامة النّاس، فقد رغب الشّاعر واشتدت رغبته في مناجاة خالقه وخالق الكون إله السّموات والأرض الله سبحانه وتعالى، ولقدسيّة وخصوصيّة هذه المناجاة أطلق عليها المترجم "حديث الرّوح." فهو حديث لا يخصّ الجسد في شيء ولم تدركه الحواس بأي شكل، إنما هو من شأن الرّوح فحسب، ويؤكد الشّاعر في الأبيات الأولى على هذا المعنى، حيث يسري حديث الرّوح للأرواح وتدركه القلوب بلا جهد أو عناء لأنه نابع منها ولا يفهم إلا بها ولا تحتاج في ذلك إلى مجهود يُبذل، أطلقه الشّاعر فطار إلى السّماء بلا جناح لأنه غير جسديّ وشقّ أنين هذا الحديث الفضاء، صحيح أصله ترابيّ لأنه صادر عن إنسان خُلق من تراب لكن لغته إلهيّة، وقد يقصد الشّاعر بجملة "جرت في لفظه لغة السّماء" أن لغة الإنسان ذات أصل إلهيّ لأن الله هو معلّم الإنسان اللغة عند المسلمين، أو يخص المعنى هنا على لغة حديثه الذي يناجي به الله سبحانه وتعالى فقط، ولقد اختلط الحديث الذي يوجّهه الشّاعر إلى السّماء بدموع عشقه للذّات الإلهيّة التي وهبته الحياة وأراد أن يناجيها، وقد تخيّل الشّاعر مناجاته تحلّق في السّماء بين الأفلاك والأجرام فأثار هذا التّخيل بكاءه.

فكيف كان المشهد الذي تخيّله الشاعر أثناء انطلاق مناجاته؟ إنه حديث بدأ من روح الشّاعر ووجد صدى في السّماء الأعلى، حيث تحاورت النّجوم بشأنه وأخبرت أن ما تسمعه من حديث هو صوت علا حتى بلغ السّماء وقرُب من عرش الرّحمن لا ينقطع عن الدّعاء وجاوبت المجرة عليها: ولعله طيف سرى بين الكواكب في خفاء، وقد كان البدر يعرف مناجاة الشّاعر كل يوم مساءً فأخبرهم أن هذا الدّعاء الذي أطلقه الشّاعر صادر عن قلب شاكٍ يواصل شدوه عند المساء وقد أدرك القمر حب الشّاعر لله وقوة إيمانه به الواضحين في صوته فما أجدره عند الشّاعر بالوفاء.

وينادي الشّاعر حديثه سواء كان شكوى أم نجوى في ظلام الليل، وينادي نجوم هذا الليل سواء كانت حسّاده أم عوّاده، ويخبرها إنه أصبح يعيش في ماضيه كأنّ الزّمان قطع ماضيه عن مستقبله، نعم إنه يعيش في عصر أمجاد المسلمين وتقدّمهم على الأمم وحملهم شعلة الحضارة واضطلاعهم بحمايتها، فهو لا يحفل بحاضره لأنه لا يعنيه بل يحزنه

ويشقيه لذا يشكو منه في هذه القصيدة، فحاضر المسلمين يحزن الشّاعر لأنهم ارتدّوا عن التّحضّر والتّرقي، ولقد تخيّل الشّاعر الطّيور على فروع الأشجار تشدو حزينة على حال المسلمين فتُبكي الهضاب والتّلال تأثرًا بأنينها المتجدّد المستمرّ، وطال أرق الشّاعر اضطرابًا وتبرّمًا بحاله وحال إخوانه في العقيدة وطال شدو الطّيور معه وتواصل بكاؤه حتى غدت عينه مبللة كالغصن النّدي، فتمرّد على صمته على هذه الحال المتردية كأنّه زهرة خرساء لم تتمتع بنعمة الكلام.

ولقد مُلئت قيثارته كشاعر بأنّات عاطفته الحزينة، فكل مكبوت لابد له من فيضان، لذا انطلقت الخواطر التي اجتاحت فؤاده لينطق بها عقله ولسانه، ومع كل حزنه وهمّه لم يتعدَ حدود القناعة والرضا بقدر الله في الأرض لكنه فقط يشكو لشهادته تأخر المسلمين وتراجعهم بعينيه ولتقاعسهم عن مواصلة التّطور وتواكلهم وعدم أخذهم بأسباب الأمور، فهو يشكو لله الذي يحبه ويحمده في السّراء والضّراء لأنه لم يعش إلا لحمده في عليائه.

ويتحدث الشّاعر بلسان المسلمين فيوضّح أنه لم ينادِ باسم الذّات الإلهيةَ أحد قبلهم، فمن كان يدعو قبل المسلمين الله الواحد القهّار؟ لقد عبدت الأمم قبلهم الكواكب والنّجوم لجهلهم فغدت كمن يعيش في الظّلام لأن الكواكب والنّجوم لم تهديهم إلى النّور الحقيقيّ، والمسلمون هم من أعلنوا التوحيد ودعوا النّاس إلى عبادة الله الواحد الأحد، فهم يدعون دائمًا وعلنًا أن لا إله إلا الله الذي خلق الوجود وقدّر الأقدار.

وفي ثلاثة أبيات تجري مجرى الحكمة يوضّح الشّاعر أن لا أمان في العالم بلا إيمان، وحياة من يعيشون بلا دين هي حياة كالموت، ومن يرضَ أن يعيش هكذا يتسبب في فناء العالم وتوقف الحياة، وهو يخاطب بهذا المسلمين في المقام الأول فيخبرهم أن في التّوحيد وعبادة إله واحد سبب لاتحادهم فلن يحققوا النّجاح ولن يبلغوا درجات التّقدّم متفرّقين كما هم الآن، فقد بعث الله لهم نبيًا يوحّدهم على نهج واحد قائم على الاتفاق والاتحاد أيما كان جنسهم ولغتهم وتاريخهم وأينما وقعت أرضهم، ومصحفهم واحد وقبلتهم واحدة وبذا أصبحا منارًا يُسترشد به إلى الأخوة والسّلام، وفوق كل شيء إله واحد أحد هو رب النّاس أجمعين.

ملاحظات:

تحاورت النّجوم وقلن صوتُ: الشّائع الآن في إسناد الفعل للفاعل في الجمع المؤنث أو المذكر الغير عاقل أن يكون ضمير الفعل مفرد مؤنث فنقول مثلًا "تحاورت النجوم وقالت صوتُ،" لكن الشّاعر صرّف الفعل مع ضمير الغائب المؤنث الجمع، وهذا جائز في اللغة العربية، حيث قال الله تعالى: ((إنّا عرضنا الأمانة على السّموات والأرض والجبال فأبين أن يحملنها وأشفقن منها وحملها الإنسان إنه كان ظلومًا جهولًا))، الآية ٧٢ من سورة الأحزاب، وكذلك ((تكاد السّموات يتفطرن منه وتنشقّ الأرض وتخرّ الجبال هدًّا))، الآية ٩٠ من سورة مريم. و"تحاورت" جاءت مع الضّمير المفرد لوقوعها قبل الفاعل "النجوم."

جاوب المجرة علَّ طيفًا: "عل" حرف من أخوات "إن" ينصب المبتدأ ويرفع الخبر يفيد الترجي أو الاحتمالية، لذا تُعرب "طيفًا" اسم (علّ) منصوب وعلامة نصبه الفتحة.

من قام يهتف باسم ذاتك قبلنا: جملة الاستفهام هذه وجمل الاستفهام التي تليها تفيد التّقرير ولا تنتظر جوابًا.

التدريبات

١- أسئلة الفهم والاستيعاب:

أ لماذا فاضت دموع الشّاعر في القصيدة؟

ب إلامَ يدعو الشّاعر في نهاية القصيدة؟

ت من النّبي المذكور في القصيدة؟ اكتب ما تعرفه عنه.

٢- أكمل الجمل الآتية بكلمات من عندك:

أ هل يقدر الطّير على الطّيران لو كُسر ــــــــــــــ ـه؟

ب كم ــــــــــــــ يدور حول الشّمس؟ تسعة أم عشرة؟

ت لقد كنت مولعًا بدراسة الفضاء الخارجيّ والكواكب والنّجوم لذا درست علم ــــــــــــــ في كلية العلوم.

ث كانت صديقتي في قسم الفلسفة ــــــــــــــ لكني استطعت التواصل معها بلغة الإشارات التي تعلمتها من قبل.

ج تشتهر الأديان السماوية بين أديان العالم بأنها أديان ــــــــــــــ .

٣- اختر الإجابة الصحيحة من بين الأقواس:

أ تسبّب التّدخين في ألم شديد في ــــــــــــــ .

(صدري – مخّي – بطني)

ب ــــــــــــــ سفينتنا مياه البحر وزادت الرّياح من سرعتها.

(كسرت – شقّت – جرت)

ت لقد وضع أرسطو أساس علم ــــــــــــــ .

(الفلسفة – المنطق – الفلك)

ث .... بك أن تدرس الفلسفة.

(جميل – حري – حلو)

ج نعم، كنت أقابلها في .... لا يرانا أحد.

(الدُعاء – الخَفاء – البُكاء)

٤- صل الكلمة بعكسها:

صباح	قصر
خفاء	مساء
بكاء	فارغة
ملأى	علن
طال	ضحك

٥- صحح الكلمات التي تحتها خط في الجمل الآتية:

أ لم تكن تبكي بحق بل كانت عيناها تلمع بماء التماسيح.

ب لقد امتلأت شقتي بالرّمل، كم وقتًا تحتاج لتنظيفها؟

ت كان بركان نهر النّيل يغرق ضفتيه قبل بناء السّد العالي.

ث المصحف هو كتاب اليهود المقدس.

ج تنازل الملك عن الأريكة لابن أخيه لأنه كان شابًا ذكيًا حازمًا.

٦- استخرج من النّصّ:

كل الكلمات المعربة مضاف إليه - فعل مضارع منفي (وأعربه) - فعل ماضٍ منفي (وأعربه)

٧- ضع الكلمات الآتية في جمل من عندك:

مصحف – توحيد – جناح – فضاء – عشق – عرش – شكوى – حاسد –
مكبوت – فيضان – قناعة – خاطر – عبد

٨- ناقش المدرّس في رأيك في القصيدة.

١٩

أراك عصي الدمع

١٩

أراك عصي الدمع

١٩٦٤

كلمات: أبو فراس الحمدانيّ - ألحان: رياض السُّنباطيّ - غناء: أم كلثوم

أَراكَ عَصِيَّ الدَّمْعِ شيمَتُكَ الصَّبْرُ، أَما لِلْهَوَى نَهْيٌ عَلَيْكَ وَلا أَمْرُ؟
نَعَمْ، أَنا مُشْتاقٌ وَعِنْدِي لَوْعَةٌ، وَلَكِنَّ مِثْلي لا يُذاعُ لَه سِرُّ.
إذا اللَّيلُ أَضْواني بَسَطْتُ يَدَ الهَوى وَأَذْلَلْتُ دَمْعًا مِنْ خَلائِقِهِ الكِبَرُ.
تَكاد تُضيءُ النّارُ بَيْنَ جَوانِحي، إذا هِيَ أَذْكَتْها الصَّبابَةُ والفِكْرُ.
مُعَلِّلَتي بِالْوَصْلِ والمَوْتُ دونَهُ، إذا مِتُّ ظَمْآن فَلا نَزَلَ القَطْرُ.
وَفَيْتُ، وفي بَعْضِ الوَفاء مَذَلَّةٌ، لفاتِنة في الحَيْ شيمَتُها الغَدْرُ،
تُسائِلُني مَنْ أَنْتَ وَهِيَ عَليمةٌ. وَهَلْ لِشَجٍ مِثْلي عَلى حالِهِ نُكْرُ؟
فَقُلْتُ كَما شاءَت وَشاء لَها الهَوى قَتيلُكِ، قالَت أيُهُم؟ فهُمُ كُثْرُ.
وَقَلَّبْتُ أَمْري لا أَرى لي راحَةً إذا البَيْنُ أَنْساني أَلَحَّ بي الهَجْرُ.
وقالَت لَقَدْ أَزْرى بِكَ الدَّهرُ بَعْدَنا، فَقُلْتُ مَعاذَ الله بَلْ أَنْتِ لا الدَّهْرُ.

المفردات

to see	رَأى، يَرى، رُؤْية
insubordinate, defiant	عَصِي/ة
tear	دَمْعة ج. دَمْعات، دَمْع، أَدْمُع، دُموع
trait, characteristic	شيمة ج. شيمات، شِيَم
patience	صَبر
love	هَوى
prohibition	نَهْي
neither . . . nor	ما . . . ولا
order	أَمْر ج. أوامر
a person who feels longing	مُشْتاق/ة
ardor of love, pain, anguish	لَوْعة
to announce, to publicize	أَذاعَ، يُذيعُ، إذاعة
secret	سِر ج. أَسْرار
night	لَيْل
to weaken, debilitate	أَضْوى، يُضْوي، إضْواء
to extend, stretch out	بَسَطَ، يَبْسُطُ، بَسْط
hand	يَد ج. أَيْدٍ، أَيادٍ (مُؤَنَّثة)
to subdue, humiliate	أَذَلَّ، يُذِلُّ، إذْلال
trait, nature, characteristic	خَليقة ج. خَلائِق
haughtiness, arrogance	كِبر
almost	كادَ، يَكادُ

to light up	أَضاءَ، يُضيءُ، إضاءة
fire	نار ج. نيران
rib	جانِحَة ج. جَوانِح
to inflame, flare	أَذْكى، يُذْكي، إذْكاء
fervent longing, ardent love	صبابة
thought	فِكْر
to entice, mislead	عَلَّلَ، يُعَلِّلُ، تَعْليل
reunion of lovers	وَصْل
to die	ماتَ، يَموتُ، مَوْت
thirsty	ظَمْآن/ظَمْأى
to go down, fall	نَزَلَ، يَنْزِلُ، نُزول
rain, dripping	قَطْر ج. قطار
before (archaic usage)	دونَ
to be loyal	وَفى، يَفي، وَفاء
submissiveness, humiliation	مَذَلَّة
charming	فاتِن/ة
neighborhood	حَي ج. أَحْياء
perfidy, betrayal	غَدْر
to ask, keep asking	سائَلَ، يُسائِلُ، مُسائَلة
aware, informed	عَليم/ة
worried, troubled, grieved	شجٍ/شجية
like me	مِثْلي
state, status, situation	حال ج. أَحْوال

نُكْر	unfamiliarity, ignorance
قالَ، يَقولُ، قَوْل	to say
شاءَ، يَشاءُ، مَشيئة	to want, to will
قَتيل ج. قَتْلى	killed, murdered
أَيُّهُم	which one
كُثْرُ	many
قَلَّبَ، يُقَلِّبُ، تَقْليب	to scrutinize
أَمْر ج. أُمور	state, affair
راحة	comfort, relief
بَين	separation, division
أَنْسى، يُنْسي، إنْساء	to make someone forget
أَلَحَّ، يُلِحُّ، إلْحاح	to urge, insist
هَجَر	abandonment
أَزْرى، يُزْري، إزْراء	to disparage, derogate, bring disgrace upon
دَهْر ج. أَدْهُر/دُهور	time
مَعاذَ الله	God forbid

التعليق

غنّت أم كلثوم هذه القصيدة من كلمات أبي فراس الحمدانيّ وألحان رياض السّنباطيّ عام ١٩٦٤، وهذه هي ثالث مرة وبثالث لحن تغنّي فيها كوكب الشّرق هذه الأغنيّة، إذ شدت بها عام ١٩٢٦ من لحن قديم وعام ١٩٤١ من ألحان زكريا أحمد. وأبيات الأغنية منتقاة من قصيدة طويلة للشّاعر أبي فراس.

وقد نظم أبو فراس هذه القصيدة معاتبًا ابن عمه سيف الدّولة الحمدانيّ لتركه أسيرًا في أيدي الرّوم (حيث حبسه الرّوم أعوامًا في إحدى المعارك التي كان يحارب فيها كفارس) متغنيًا بمكانة قومه، فيقول في هذه القصيدة:

وإنا لقوم لا توسط بيننا　　　لنا الصّدر دون العالمين أو القبر

تهون علينا في المعالي نفوسنا　　　ومن يخطب الحسناء لم يغلها المهر

والأبيات المنتقاة موضوع الحديث هنا بداية غزليّة خياليّة يحاور فيها الشّاعر محبوبته التي تتعجّب من صبره على لوعة الحبّ. وتمتاز هذه القصيدة مقارنة بالقصائد العاطفيّة الأخرى في الشّعر التّقليديّ بالسّهولة النّسبيّة ووضوح المعاني، ولعل هذا ما جذب الملحنين والمطربين لغنائها في عصرنا الحديث.

وقد اعتمد الشّاعر في بناء قصيدته والتّعبير عن تجربته على الحوار بينه وبين حبيبته التي تتعجّب من صبره وامتناعه عن ذرف الدّموع، وتتساءل في دهشة كأن الحبّ ليس له سلطان عليه ولا تأثير، فيجيبها بأنه مشتاق، والشّوق يحرق فؤاده، لكنه يكتم حبّه ولا يذيع سرّه لمكانته كفارس محارب أو لصلة قرابته بأمير الدّولة، لكنه حين يخلو بنفسه ليلًا يسترجع ذكرياته ويستجيب لعاطفته، فتفيض دموعه التي اعتادت على الكبرياء، ويشتعل الشّوق نارًا تكوي قلبه.

ويناجي حبيبته التي تعده بلقاء ولكنها دائمًا ما تخلف وعدها، ويخشى أن يموت قبل هذا اللقاء دون أن يطفئ شوقه، ويدعو على كل المحبين بنفس المصير حتى لا ينفرد وحده بالعذاب. ويشكو هذه الحبيبة الفاتنة التي ذاق مرارة الذّل من وفائه لحبها فقابلت وفاءه بالغدر.

ويستمر في حواره معها فيقول إنها تسأله: من أنت؟ بالرغم من أنها تعرفه جيدًا، فما لعاشق مثله أن يكون أمره مجهولًا، فأجابها الإجابة التي تتمناها ويمليها عليه حبها لعلها تلين وهي أنه قتيلها، فزادته تعذيبًا وقالت: أيهم أنت، فهم كثيرون. وحين فكر وتأمل حاله وجد أن ما له سبيل إلى الراحة، فحين ينسيه الفراق لوعة حبها يلح عليه ويحزنه هجرها، حتى قالت له: لقد غير الزّمن أحوالك وأضعف جسدك وغير ملامحك، فقال الشّاعر: أعوذ بالله من هذا التّفسير الخاطئ، فليس الزّمن مغيّر حالي، بل أنت من أوصلتيني إلى هذا المصير.

ملاحظات

نعم، أنا مشتاق وعندي لوعة: هذا الشطر (أي: نصف البيت) في النص الأصلي هو (بلى أنا مشتاق وعندي لوعة) لأن الجواب على السؤال المنفي يكون بـ (بلى) في حالة الإثبات و(لا) في حالة النفي. ولكن أم كلثوم عدّلت الكلمة في أغنيتها تسهيلًا على المستمعين الذين لم يعتادوا سماع كلمة (بلى) في الأغاني.

تكاد تضيء النار بين جوانحي: (تكاد) فعل مضارع ناقص يفيد المقاربة يدخل على الجملة الاسمية ويرفع المبتدأ ويسمى اسمه. وهنا اسم (تكاد) هو (النار) المقدّمة عنه، وخبر (تكاد) هو الفعل (تضيء). دائمًا خبر (يكاد) فعل مضارع.

معللتي بالوصل والموت دونه: (معللة) منادى، وحُذف حرف النداء (يا) دليل على قربها من قلبه، ويجوز أن تكون (معللة) خبر لمبتدأ محذوف تقديره هي، فهو يتحدث عنها ويقول (هي معللتي). (الموت دونه) يعني هي لم تصله وتقابله واللقاء تأخر وكأن حياته ستنتهي قبل أن يحدث هذا اللقاء الموعود، أي أن اللقاء بعيد جدًا يبدو مستحيلًا.

إذا مت ظمآن فلا نزل القطر: يدعو الشّاعر على المحبّين بعدم اللقاء إذا مات هو قبل أن يلتقي حبيبته.

تسائلني من أنت وهي عليمة: تسأله حبيبته عن هويته وهي تعلم وهذا دليل على مكرها.

التدريبات

١- أسئلة الفهم والاستيعاب:

أ   وضّح العلاقة بين عواطف الشّاعر ومكانته الاجتماعيّة.

ب   ماذا يحدث للشّاعر حين ينسيه البعد حبيبته؟

ت   كيف أجاب الشّاعر على حبيبته حين سألته عن نفسه؟

٢- أكمل الجمل الآتية بكلمات من عندك:

أ   هل إذا أبلغتك _____ تحفظه؟

ب   يشتهر الأسد بالقوة ويشتهر الكلب بالـ _____.

ت   ثار الشّعب على محتل أرضه لأنه لم يقبل _____.

ث   حين كنت مريضًا استضافني كثير من أقربائي ولكني لم أجد _____ إلّا في بيتي.

ج   حين سافرت إلى مصر سكنت في _____ هادٍ ونظيف.

٣- اختر الإجابة الصحيحة من بين الأقواس:

أ   صادقت ولدًا في المدرسة _____ الوفاء والإخلاص لأصدقائه.

   (لوعته – مذلّته – شيمته)

ب   كنت أشعل مصباحًا واحدًا _____ غرفتي لأدرس.

   (يُضيء – يشاء – يُلحّ)

ت   لقد _____ المرض فلم يعد يقوى على العمل.

   (أضاءه – أضواه – أذكاه)

ث   كانت فقيرة جدًا ولكنها ما _____ يدها تستجدي الناس قط.

   (انبسطت – بسطت – نزلت)

ج نعم، لقد عادت له حبيبته، لكنه كلما تذكر .... الفراق انقبض قلبه.

(لوعة – شيمة – موت)

٤- صل الكلمة بعكسها:

صبر	تواضع
عصي	كتم
أضاء	استعجال
كِبر	قابل
ذَاع	أطفأ

٥- صحّح الكلمات التي تحتها خطّ في الجمل الآتية:

أ كان الهجر بيني وبين حبيبتي يحييني.

ب الغدر شيمة من شيم الكلاب.

ت كانت كلما تراني تغدو شجية، كم كانت تحبني!

ث يجب أن تعلم إنك إن رفضت أم أبيت سأقوم بالرّحلة وحدي.

ج سقط رئيس الجمهوريّة جريحًا بعد الهجوم العنيف على موكبه وأعلن البلد الحداد.

٦- استخرج من النّصّ:

كلمات متقابلة – أسلوب استفهام – خطأ نحوي

٧- ضع الكلمات الآتية في جمل من عندك:

لوعة – جوانح – قطر – فاتنة – أزرى – معاذ – دهر – أذكى

٨- اكتب عن ما تعرفه عن الأدب العربيّ في العصر العباسيّ.

٢٠

زرياب

YouTube

٢٠
زرياب
١٩٥٧

كلمات وألحان: الأخوين رحباني - غناء: فيروز وكارم محمود

الصبايا: عَرِّجْ عَلى هَذي الرُّبى وَانْزِلْ مِنَ الْأَنْدَلُسِ،
وَاقْصِدْ إلى وادي الظِّبا مِنْ خَلْفِ رَوْضِ النَّرْجِسِ.

لمياء: هَذا الْمَساءُ يَخْتالُ بِالسِّحْرِ وَالْأَظْلالِ،
وَالشَّوْقُ فينا طالَ لِلْحُبِّ والآمالِ،
يا عاشِقًا رامَ الخِبا يَزورُ عِنْدَ الْغَلَسِ،
يا طولَ ما الْقَلْبُ صَبا إلى أَغاني الْمَهْمَسِ.

الصبايا: أَحْسَنْتِ يا لَمْياءُ أَيَتُها السَّمْراءُ،
أَلْحانُكِ الْغَنَّاءُ نَجِيَّةُ الْأَصْداءِ.
لَمْياءُ حَقًّا هَذَّبَتْ أَنْغُمَها كَأَنَّما زِرْيابُ قَدْ عَلَّمَها.

لمياء: زِرْيابُ ما أَجْمَلَ مَغْناهُ! عَرائِسُ الْأَسْحارِ تَهْواهُ،
وَبُلْبُلُ الدَّوْحِ تَمَنَّاهُ.

صبية: يا لَيْتَنا نَسْمَعُ نَجْواهُ.

صبية: زِرْيابُ في الْقَصْرِ الْكَبيرِ بَيْنَ الْأَماني وَالْعُطورِ

يَشْدو عَلى هَمْسِ الْعَبيرِ بِصَوْتِهِ الْعَذْبِ الْمُثيرِ.

لمياء: بِروحي تِلْكَ الْقُصورُ الْبِعاد وَحَيْثُ تَغَنّى وحَيْثُ أَشادَ.

صبية: يَقولونَ عَبْدٌ شَديدُ السَّواد.

لمياء: كَلَيْلٍ يَحِنُّ إليهِ الْفؤاد.

صبية: يا لَيْتَ زِرْيابَ نَلْقاهُ وَيَلْقانا يَوْمًا وَيَشْدو لَنا في الْحُبِّ أَلْحانًا.

لمياء: وَكَيْفَ نَلْقاهُ؟

صبية: نَمْضي صَوْبَ مَسْكَنِهِ.

لمياء: إلى الْقُصور؟

صبية: وَما يا أُخْتُ يَنْهانا؟

لمياء: إنَّ الْقُصورَ بِعادُ.

صبية: فَلْتَكُنْ . . .

لمياء: عَبَثًا نَسْعى إلَيْها وَنَجْفو سِحْرَ دُنْيانا.

يَظَلُّ زِرْيابُ حُلْمًا في جَوارِحِنا وَصَوْتُ زِرْيابِ شَوْقًا في حَنايانا.

صوت بعيد: آه.

صبية: لَمياءُ، هَلْ تَسْمَعين؟

لمياء: صَوْتٌ شَجِيُّ الْحَنينِ، صَوتٌ يُغَنّي بَعيدًا.

صبية: وَاللَّحْنُ يَبدو سَعيدًا.

لمياء: لَعَلَّهُمْ صائِدونَ في أَرْضِنا يَعْبُرون.

الصائدون: يا مَنْ جَمَعْنَ الْوَرْدَ مِنْ هَذِهِ الْوِهادِ،

زرياب: إنّا نُريدُ الصَّيْدَ، فَأَيْنَ دَرْبَ الْوادي؟

الصبايا:	يا مَوْكِبَ الْإِنْشادِ، تُريدُ دَرْبَ الْوَادي؟
لمياء:	الدَرْبُ للصَّيَّادِ كَثيرَةُ الْأَبْعادِ.
زرياب:	صَوْتُكِ حُلْوٌ رائِعُ الصَّفاءِ بِاللهِ مَنْ عَلَّمَكِ الْغِناءِ؟
لمياء:	نَحْنُ غِنانا ساحِرُ النِّداءِ، نَأْخُذُهُ مِنْ مَوْطِنِ الصَّفاءِ،
	مِنْ نَغْمَةِ الْغَديرِ في الضِّياءِ، مِنْ رَقْصَةِ الطُّيورِ في الْفَضاءِ.
زرياب:	صَوْتُكِ عَذْبٌ يا فَتاة. ما ضَرَّ لَوْ جِئْتِ مَعي
	إلى الْقُصورِ النّائِياتِ، إلى نَعيمٍ مُمْتِعٍ؟
لمياء:	إنِّي هُنا أَحْيا مَعَ الْأَطْيارِ هانِئَةً بِالْوَرْدِ والْأَطْيابِ،
	واللهِ لَنْ أَتْرُكَ هَذي الدَّارَ وَلَوْ أَتى يَأْخُذُني زِرْياب.
زرياب:	إنِّي أَنا زِرْياب.
لمياء:	زِرْياب؟!
صبية ثم أخرى:	زِرْياب، زِرْياب؟!!
لمياء:	زِرْيابُ لَحْنُ الشَّاعِرينِ!
صبية:	زِرْيابُ أَحْلى الْمُنْشِدينِ!
لمياء:	زِرْيابُ في أَرْضِنا.
الصبايا:	زِرْيابُ في أَرْضِنا.
لمياء:	مُوَشَّحٌ بِالْمُنى.
الصبايا:	مُوَشَّحٌ بِالْمُنى.
لمياء:	ذَهَبْتَ أَحْلامَنا زِرْياب غَنِّ لَنا.
الصبايا:	زِرْياب غَنِّ لَنا.

زرياب: وما تُرى أُغَنّي؟ اِخْتَرْنَ أَيّ لَحنٍ.

صبية: لَحْنَ الْعَذارى السَّاحِرَ اللَّطيف.

الصبايا: أَجَلْ، أَجَلْ، فَلْنَنْقُرَ الدُّفوف.

زرياب (يغني): غَنّي لي يا عَذارى لِلْهَوى لِلْعُهود،
طَيْفُهُ الْحُلْو زارَ بِالْمُنى وَالْوُعود،

ساحِرٌ مَنْ رَآه حائِرٌ في مُناه.
كَمْ حَكى عَنْ مُناه! كَمْ رَوى عَنْ هَواه!
هُوَ ذا اللَّحْن طارَ وَالْمُغَنّي يَجود،
وَالعَذولُ تَوارى، أَيْنَ حُلْو الْوُعود؟

لمياء: آه يا زِرْيابُ كَمْ أَطْرَبْتَنا! آهٍ لَوْ تَبْقى طَويلًا عِنْدَنا!
امْتَلِكْ بَيْتًا جَميلًا هَهُنا وَأَقِمْ لِلدَّهْر في بَلْدَتِنا.

زرياب: أَنا لا أَبْقى طَويلًا في مَكانٍ، كُلّ يَوْمٍ لِيَّ في أَرْضٍ أَغاني،
أَنا كَالطَّائِر يَشْدو ثُمَّ يَمْضي لِيُغَنّي مِن جِنانٍ لِجِنانٍ.

لمياء: وَلِمَ التِّرْحالُ يا طائِرُ دَوْمًا؟

زرياب: إِنّني أَرْحَلُ في إِثْرِ الْأَماني،
فَإِذا ما وَقَفَ الْمُنْشِدُ يَوْمًا
صارَ مَغْمورًا وَخانَتْهُ الْمَعاني.

لمياء: وَلِمَنْ تَشْدو وَتَرْوي وَتُغَنّي؟

زرياب: لِلْنَدامى، لِلْحَيارى، لِلْحِسانِ،
لِقُلوبٍ تَعْرِفُ الْحُبَ وَتُصْغيه،

وَلِأَجْيالٍ بِأَبْعادِ الزَّمانِ.

المجموعة: زِرْياب، زِرْياب، زرياب، زِرْياب

زِرْياب، زِرْياب لِلْأَيامِ ذِكْراكَ سِحْرِيَّةُ الْأَحْلام،

زِرْياب وَالْغيدُ وَالْأَنْسامُ تَهْواكَ يا رائِعَ الْأَنْغام،

وَالْفَجْرُ مَرْماكَ وَاللَّيْلُ مَلْهاكَ، زِرْياب، زِرْياب لِلدَّهْرِ ذِكْراك.

المفردات

to turn to, stop (over)	عَرَّجَ، يُعَرِّجُ، تَعْريج
this, these	هَذي
hill	رَبْوة ج. رُبى
to go down	نَزَلَ، يَنْزِلُ، نُزول
Andalusia	الأَنْدَلُس
to head to	قَصَدَ، يَقْصِدُ، قَصْد
valley	وادٍ ج. أَوْدِية
gazelle	ظَبي ج. ظِباء
behind	خَلْف
garden, meadow	رَوْضة ج. رَوْضات، رَوْض، رِياض
narcissus, daffodil	نَرْجِس
evening	مَساء
to swagger	اِخْتال، يَخْتالُ، اِخْتيال
charm, magic	سِحْر ج. أَسْحار
shadow	ظِل ج. ظِلال، أَظْلال
longing, yearning	شَوْق ج. أَشْواق
to be or become long	طالَ، يَطولُ، طول
to love	حَبَّ، يَحِبُّ، حُبّ
hope	أَمَل ج. آمال
to desire, wish, want, covet	رامَ، يَرومُ، رَوْم/مَرام
tent, husk	خِباء

to visit	زارَ، يَزورُ، زِيارة
darkness of night	غَلَس
heart	قَلْب ج. قُلوب
to yearn, desire	صَبا، يَصْبو، صُبُو/صَبْوة/صَبا
song	أُغْنِيّة ج. أُغْنِيّات، أَغانٍ
whispering instrument	مَهْمَس
to do right, act well	أَحْسَنَ، يُحْسِنُ، إحْسان
used to address someone	أَيُّها / أَيَّتُها
brown-skinned	أَسْمَر/سَمْراء
melody	لَحْن ج. أَلْحان
pleasant	غَنّاء/ة
confidant	نَجِي/ة
echo	صَدى ج. أَصْداء
really	حَقًّا
to refine	هَذَّبَ، يُهَذِّبُ، تَهْذيب
tone	نَغْمة ج. نَغْمات، أَنْغُم، أنغام
as if	كَأَنَّما
to teach	عَلَّمَ، يُعَلِّمُ، تَعْليم
how beautiful	ما أَجْمل
singing	مَغْنى
night fairies	عَرائِس الأَسْحار
to love, become fond of	هَوِيَ، يَهْوى، هَوى
bulbul (songbird)	بُلْبُل ج. بَلابِل

large tree with widespread branches	دَوْحة ج. دَوْح، أَدْواح
to wish	تمنّى، يَتَمَنّى، تمَنّي
I wish	يا لَيْتَ
to listen, hear	سَمِعَ، يَسْمَعُ، سَمْع/سَماع
soliloquy, inner monologue	نَجْوى ج. نجاوى
palace	قَصْر ج. قُصور
old, big, large	كَبير/ة
wish	أُمْنِيّة ج. أمانٍ
perfume	عِطْر ج. عُطور
to sing	شَدا، يَشْدو، شَدْو
whisper	هَمْس
fragrance	عَبير
voice, sound	صَوْت ج. أَصْوات
sweet	عَذْب/ة
exciting	مُثير/ة
spirit, soul	روح ج. أَرْواح (مُؤَنَّثة)
far, distant	بَعيد/ة ج. بعاد
where	حَيْثُ
to sing	غَنّى، يُغَنّي، غِناء
to praise	أَشادَ، يُشيدُ، إشادة
worshipper, slave	عَبْد ج. عِباد، عَبيد
very black	شَديد السَّواد
night	لَيْل

to long, yearn for	حَنَّ، يَحِنُّ، حَنين
to meet	لَقِيَ، يَلْقى، لِقاء
once, one day	يَوْمًا
to pass	مَضى، يَمْضي، مُضِي
toward	صَوْب
habitation, house, residence	مَسْكن ج. مَساكِن
sister	أُخْت ج. أَخَوات
to forbid, prohibit	نَهى، يَنْهي، نَهْي
to forbid, prohibit	نَها، يَنْهو، نَهْو
to be	كانَ، يَكونُ، كَوْن
in vain	عَبَثًا
to seek	سَعى، يَسْعى، سَعْي
to be disaffected, treat harshly, to abandon	جَفا، يَجْفو، جَفْو/جَفاء
world	دُنْيا ج. دُنَى، دَنْيَيات
to remain, still be	ظَلَّ، يَظَلُّ، ظُلول
dream	حُلْم ج. أَحْلام
limb	جارِحة ج. جَوارِح
the depths of a person, one's inner self	حَنِيَّة ج. حَنايا
grieved, sad, touching	شَجِي/ة
longing, yearning	حَنين
to seem, appear	بَدا، يَبْدو، بَدْو

happy	سَعيد/ة
maybe, perhaps	لَعَلَّ
hunter	صائِد ج. صائِدون
land, ground	أَرْض ج. أَراضٍ (مؤنثة)
to pass, cross	عَبَرَ، يَعْبُرُ، عُبور
to gather, collect	جَمَعَ، يَجْمَعُ، جَمْع
rose	وَرْدة ج. وَرْدات، وَرْد، وُرود
lowland	وَهْدة ج. وِهاد
to hunt	صادَ، يَصيدُ، صَيْد
where	أَيْنَ
road	دَرْب ج. دُروب
procession	مَوْكِب ج. مَواكِب
to sing	أَنْشَدَ، يُنْشِدُ، إنْشاد
to want	أَرادَ، يُريدُ، إرادة
many, much	كَثير
dimension, range	بُعْد ج. أَبْعاد
sweet	حُلْو/ة
wonderful	رائِع/ة
purity	صَفاء
by God	باللهِ
fascinating, charming	ساحِر/ة
calling	نداء
to take	أَخَذَ، يَأْخُذ، أَخْذ

native place	مَوْطِن ج. مَواطِن
stream, rivulet	غَدير ج. غُدُر، غُدْران
light	ضِياء
dance	رَقْصة ج. رَقْصات
bird	طَيْر ج. طُيور، أَطْيار
space	فَضاء
girl	فَتاة ج. فَتَيات
harm, hurt	ضَرَّ، يَضُرُّ، ضَرّ
to come	جاءَ، يَجيءُ، مَجيء
far, distant	ناءٍ/نائية
tranquil, grace	نَعيم
enjoyable	مُمْتِع/ة
to live	حَيِيَ، يَحْيا، حَياة
delighted	هانِئ/ة
goodness, pleasant fragrance	طِيب ج. طِيوب، أَطْياب
will not	لَنْ
to leave	تَرَكَ، يَتْرُكُ، تَرْك
house, home	دار ج. دُور، دِيار
to come	أَتى، يَأْتي، إتْيان
poet	شاعِر ج. شاعِرون، شُعَراء
singer	مُنْشِد ج. مُنْشِدون
decorated, adorned	مُوَشَّح/ة
wish, desire, object of desire	مُنْية ج. مُنى

to go	ذَهَبَ، يَذْهَبُ، ذَهاب
what	ما تُرى
to choose	اِخْتار، يَخْتارُ، اِخْتيار
nice	لَطيف/ة
yes	أَجَل
to drum, knock	نَقَرَ، يَنْقُرُ، نَقْر
tambourine	دُفّ ج. دُفوف
virgin	عَذْراء ج. عَذارى
pledge	عَهْد ج. عُهود
ghost, image, soul	طَيْف ج. أَطْياف
promise	وَعْد ج. وُعود
to see	رَأى، يَرى، رُؤْية
confused	حائِر/ة
to tell, relate, narrate	حَكى، يَحْكي، حِكاية
to relate, narrate	رَوى، يَرْوي، رِواية
to improve, do well	جادَ، يَجودُ، جَوْدة
caviler, faultfinder	عَذول
to disappear	تَوارى، يَتوارى، توارٍ
to delight	أَطْرَبَ، يُطْرِبُ، إطْراب
to remain, stay, keep doing something	بَقِيَ، يَبْقى، بَقاء
for a long time	طَويلا
to get, own	اِمْتَلَكَ، يَمْتَلِكُ، اِمْتِلاك

house, home	بَيْت ج. بُيوت
beautiful	جَميل/ة
here	هَهُنا
to dwell, inhabit	أَقامَ، يُقيمُ، إقامة
time	دَهْر ج. دُهور، أَدْهُر
town, city	بَلْدة ج. بَلْدات
place	مَكان ج. أَماكِن
everyday	كُل يَوْم
paradise	جَنّة ج. جَنّات، جِنان
travel, nomadic life	تَرْحال
always	دَوْمًا
to depart, move away	رَحَلَ، يَرْحَلُ، رَحيل
tracing, after	في إثْر
to stop	وَقَفَ، يَقِفُ، وُقوف
to become	صارَ، يَصيرُ، صَيْرورة/مَصير
unknown	مَغْمور/ة
to betray	خانَ، يَخونُ، خِيانة
meaning	مَعْنى ج. مَعانٍ
to whom	لِمَن
regretful	نَدْمان/نَدْمى
confused, perplexed	حَيْران/حَيْرى ج. حيارى
beautiful	حَسْناء
to know	عَرَفَ، يَعْرِفُ، مَعْرِفة

to listen to	أَصْغى، يُصْغي، إصْغاء	
generation	جيل ج. أَجْيال	
time	زَمان ج. أَزْمِنة	
day	يَوْم ج. أيام	
memory	ذِكْرى ج. ذِكْرَيات	
magical	سِحْري/ة	
young women	الغِيد (من أَغْيَد/غَيْداء)	
breath of life	نَسَم ج. أَنْسام	
dawn	فَجْر	
aim, goal	مَرْمى ج. مَرام	
amusement	مَلْهى ج. مَلاهٍ	

التعليق

يتناول هذا الأوبريت (operetta) شخصيّة زرياب المشهورة في العالم العربيّ، وقد جسّدها المطرب كارم محمود. وزرياب هو أبو الحسن علي بن نافع من العراق وعاش في العصر العباسي، ولقب بزرياب لشدة سواد لونه ولفصاحة لسانه، وتشبيهه بالطائر الغرّيد المسمّى زرياب. وقد أخذ الغناء في أول أمره على إبراهيم الموصليّ، ثم على ابنه إسحاق، وغنى لهارون الرّشيد—الخليفة العباسي الشهير—قبل أن يرحل إلى القيروان ثم إلى الأندلس، وهناك لقي الحفاوة عند أميرها ابن الحكم.

ويُعد زرياب ركنًا من أركان الغناء العربيّ في الأندلس، وصاحب أكبر تأثير في فنون الحياة الرّغدة في إسبانيا، وأول من أدخل غناء المشارقة إلى المغرب، وتعود الموشّحات الأندلسيّة إلى عهده، بل هناك من ينسب الموشّح له. وأثناء إقامته في قرطبة استبدل بريشة العزف على العود الخشبيّة ريشة النّسر مما أكسبها النّعومة وأضاف لأوتار العود التقليديّ وترًا خامسًا. وتوفي في قرطبة سنة ٨٥٤م.

وقد أثرى زرياب الموسيقى الإسبانية بمقامات عديدة كانت مجهولة قبله، ومن بين إسهامه تأليفه لمجموعة من الموشّحات الأندلسيّة. لكن أهم ما أسسه هو مدرسة الغناء

التي تعد نواة لمدرسة الغناء الحديثة، حتى أن دولًا أوروبية أوفدت طلّابها للدّراسة بها. وكانت قرطبة حاضرة الأندلس موطن أساطين العلماء والشّعراء والأدباء يفد إليها المتعلّمون. وبالرغم من انتقال زرياب إلى الأندلس كما ذكرنا فإن أثره قد بقي في بغداد.

وبعد سقوط الأندلس انتقلت الآلات الموسيقية العربية كالعود والقيثارة والطّنبور وغيرها إلى أوروبا، ودعا الملوك إلى قصورهم الموسيقيّين العرب والراقصات لإحياء الأعياد والمسرّات. حتى أن بعض شعراء الإسبان كتبوا الكثير من الأغاني العربيّة لهؤلاء الموسيقيّين العرب.

وتشدو المطربة فيروز بشخصية لمياء والبنات المكونات للكورس بجمال لحن وصوت زرياب، فنغم شدو لمياء جميل كأنّ زرياب قد علمها، وصوت زرياب جميل ورائع حتى أن عرائس الأسحار تهواه والبلبل يتمنى لو يسمع صوته دومًا. فتتمنّى البنات أن يسمعنه، لكنه بعيد عنهن، فتقترح إحداهن الذّهاب إليه وتثنيها لمياء عن رغبتها هذه خوفًا من عدم ملاقاته. لكنهن يَرَيْنه صدفة بين مجموعة صيادين يطوفون بالوادي، وقبل أن يعرّفهن بنفسه يكتشف سحر غناء لمياء فيدعوها إلى الذّهاب معه إلى القصور التي يحيا بها، وهذا لتقدير النّاس للغناء الجميل والصّوت العذب. فترفض لمياء ترك دارها حتى لو دعاها زرياب، فيعلن لهن أنه زرياب نفسه، فيندهشن ويفرحن أشدّ الفرح ويطلبن منه أن يُسمعهن لحنًا من ألحانه، فيغني زرياب ستّة أبيات عن جمال الحبّ وعهود الحبّ، فتُعرب لمياء والبنات عن إعجابهن بغنائه، وتدعوه لمياء أن يسكن بيتًا في بلدتهن، فيقول لها إنه كالطير لا يمكن أن يبقى طويلًا في مكان واحد لأن المنشد لو مكث في مكان واحد أمدًا طويلًا أصبح مجهولًا وكرر أشعاره وكفَّ عن الإبداع.

وكم كانت نهاية هذا الأوبريت على لسان الكورس ساحرة مفعمة بالجلال والرّوعة والإبهار تشعر وكأنهم يتعبدون في محراب وهم يبجلون زرياب ويكررون اسمه سِتَّ مرات، ويقولون:

زِرْياب، زِرْياب، زرياب، زِرْياب

زرياب، زِرْياب لِلْأَيام ذِكْراكَ سِحْرِيَّةُ الْأَحْلام،

زِرْياب وَالْغيدُ وَالْأَنْسامُ تَهْواكَ يا رائِعَ الْأَنْغام،

وَالْفَجْرُ مَرْماكَ وَاللَّيْلُ مَلْهاكَ، زِرْياب، زِرْياب لِلدَّهْرِ ذِكْراك.

وتوضح هذه الأغنيّة لنا تقدير العرب للغناء والموسيقى والألحان والمطربين، فكل من لمياء وصاحباتها من ناحية وزرياب من ناحية أخرى يدعو الآخر للذّهاب أو البقاء معه فقط لجمال صوته. فالعرب كانوا يقدّرون بل ويقدّسون الشّعر في عصر الجاهلية ولم يحرّم الإسلام الشّعر فواصل العرب نظمهم وتذوقهم للشّعر، وبعد الإسلام وبعد امتزاجهم بشعوب أخرى أدخلوا الموسيقى على الشّعر إن لم يكونوا قد عرفوا الموسيقى والآلات الموسيقية من قبل، وموضوع الأوبريت الخاصّ هو ألحان زرياب العذبة، وموضوعها العام هو فن الغناء وفن السماع حيث يزدهر الفن حين يجيد أداءه المغنّي ويجيد تذوقه المتلقي، وهذا ما نجده جليًا في أغنيتنا. فنظرة لمفردات وتعبيرات الأغنية مثل: "أغاني المهمس،" "ألحانك الغنّاء نجيّة الأصداء،" "هذّبت أنغمها،" "ما أجمل مغناه،" "بلبل الدّوح تمناه،" "نسمع نجواه،" "يشدو على همس العبير بصوته العذب المثير،" "حيث تغنّي وحيث أشاد،" "يشدو لنا في الحب ألحانًا،" "صوت زرياب شوقًا،" "صوت شجيّ الحنين،" "اللحن يبدو سعيدًا،" "موكب الإنشاد،" "من علمك الغناء،" "نغمة الغدير في الضياء،" "صوتك عذب يا فتاة،" إلى آخره تؤكّد كلامنا.

فكل لمحة وكل تقرير عن الغناء، فالغناء وحده ما يحرّك سير الحوار هنا. فهل يبجّل ويمجّد العرب حقًّا الموسيقى والغناء إلى هذا الحد؟ وإذا فعلوا هكذا في العالم القديم، هل ما زالوا على عهدهم في حب الموسيقى والغناء؟

نظرة إلى العالم العربي في القرن العشرين وما قبله وما بعده تجيب على ذلك، ومن أدرك شهرة المطربين والمطربات في الوطن العربيّ يعرف الإجابة عن السّؤال السابق، فقد فاقت شهرة أم كلثوم الملقّبة بكوكب الشّرق ومحمد عبد الوهاب الملقّب بموسيقار الأجيال على سبيل المثال شهرة المبدعين في كل مجال آخر.

وإذا تأملنا واقع وجو هذا الأوبريت أو الحوار المصاغ شعرًا لوجدناه يعكس مبادئ المذهب الرّومانسي في الأدب ولرأينا ظلال أشعار جبران خليل جبران وغيره من شعراء الرومانسية، فأشخاص الأوبريت يعيشون في بلد واحد لكنهم لا يمكثون داخل البيوت والأماكن المغلقة كما يفعل أهل الحضارة الحديثة، إنّما يتنزّهون دومًا يراقبون غروب الشّمس ويتلهّون بالغناء متنسّمين عبير الزّهور، فغدت الطّبيعة معلمتهم، فحين سأل زرياب لمياء من علمها الغناء، أجابت بأنها وصاحباتها قد أخذن الغناء من موطن الصّفاء (أي الطّبيعة) من نغمة الغدير في الضّياء، من رقصة الطّيور في الفضاء، وحين دعاها إلى الذّهاب معه إلى القصور البعيدة رفضت لأنها تحيا مع الأطيار هانئة بالورد والأطياب، وهو نفسه لا يسكن هذه القصور البعيدة بل يبقى بها قليلًا حين يستريح من السفر

والترحال، فهو كالطّائر يشدو ثم يمضي ليغني من جنان لجنان، فغدا إدراك مطلع الشّمس مرماه والليل ملهاه.

ملاحظات

يا عاشقًا رام الخبا: (عاشقًا) منادى منصوب وعلامة نصبه الفتحة لأنه موصوف بنعت جملة (رام الخبا).

أحسنتِ يا لمياءُ: (لمياءُ) منادى مبني على الضم لأنه اسم علم.

زرياب ما أجملَ مغناه!: أسلوب تعجّب، يعني (غناء زرياب جميل جدًا).

وما يا أختُ ينهانا: (أختُ) منادى مبني على الضم لأنه نكرة مقصودة.

فَلْتَكُنْ: فعل مضارع منصوب بعد (لـ) الأمر وعلامة نصبه السكون.

عبثًا نسعى إليها: (عبثًا) حال منصوب وعلامة نصبه الفتحة.

يا موكبَ الإنشاد: (موكبَ) منادى منصوب وعلامة نصبه الفتحة لأنه مضاف.

والله لن أتركَ هذي الدّار: (أتركَ) فعل مضارع منصوب بعد (لن) وعلامة نصبه الفتحة. (الدّار) اسم مؤنث.

كم حكى عن مناه!: أسلوب تعجّب وأداة التعجّب (كم).

التدريبات

١- أسئلة الفهم والاستيعاب:

أ لماذا تحب الفتيات زرياب ويتمنين لو يرينه؟

ب لماذا قصد زرياب ورفاقه درب الوادي؟

ت لماذا طلب زرياب من لمياء الذهاب معه؟

ث لمن يشدو زرياب عادةً؟

٢- أكمل الجمل الآتية بكلمات من عندك:

أ لقد مكث العرب في .... في أوروبا فترة ثمانية قرون تقريبًا.

ب مضينا .... الواحة عشرين يومًا في الصحراء ولم نصلها بعد.

ت كان هوميروس .... يونانيًا روى أحداث الإلياذة والأوديسية شعرًا.

ث سميت زهرة .... على اسم ناركسوس اليوناني.

ج كان البدو يعيشون حياة .... فينتقلون من مكان لمكان اعتمادًا على نزول المطر ونمو الزرع ووفرة الموارد.

٣- اختر الإجابة الصحيحة من بين الأقواس:

أ أحب الناس المطربة الجديدة لصوتها ....

(المزعج – العذب – العزب)

ب نعم، توجد عيون ماء كثيرة في واحتنا ولكنها .... عن هنا.

(نائية – قريبة – رائعة)

ت كنا نَزِفُّ العروسين بالنقر على ....

(الموسيقى – الصوت – الدفوف)

ث لم ينسَ رجل الأعمال أن ينشئ بمدينته الجديدة ________ ونادٍ يتنزه ويلعب فيهما سكان المدينة.

(مستشفى – ملهى – مرمى)

ج ما يهمني أن تكون حبيبتي امرأة سبق لها الزّواج أم ________، المهم أنها تحبّني.

(ساحرة – عذول – عذراء)

٤- صل الكلمة بعكسها:

حلو	مشهور
ضياء	بياض
مغمور	أمر
سواد	ظلام
نهى	مر

٥- صحّح الكلمات التي تحتها خطّ في الجمل الآتية:

أ جمعت البنات الورد من مهد الوادي.

ب كان زرياب مغنّيًا مغمورًا.

ت كان الفجر ملهى زرياب.

ث نزل المرشد وأتباعه على الربى وقصد وادي الظبى.

ج كانت رائحة المياه المختلفة تملأ جو الحفل.

٦- استخرج من النّصّ:

جملة قسم – الجمل الاستفهامية – أفعال الأمر

٧- ضع الكلمات الآتية في جمل من عندك:

منى – خانَ – أطربَ – اختال – عرائس الأسحار – نعيم – عذول – غيد

٨- وضّح رأيك في غناء مثل هذا النّوع من الحوارات الشّعريّة.

English Translations of the Songs

1. Do Not Blame Me

If I visit the gardens one day, do not blame me, for I have been intoxi-
cated by the fragrance.
If I pick the roses, pardon me; do not blame me, for I have walked
on the thorns.
Do not blame me . . . do not blame me.
If I fill the horizon with songs, do not blame me, for the melody
of faithfulness makes me sing,
or if I fall in love with the moon one day, do not blame me, for I love
the light.
Do not blame me . . . do not blame me.
I am fate's slave; do not blame me for the course my life has chosen.
I was made of dust, but do not blame me, for my essence is made of light.

2. The Wanderer

You are in my thoughts day and night, wanderer.
I invite you to come in the early dawn,
with your beauty which surpasses the moons'.
Your mouth sings and gives hope,
your fierce eyes are lined with kohl,
and my ardent heart is held captive
within the meters of poetry.

3. Sleep-deprived

She deprived us of sleep while she slumbers,
and made us fall in love then left us forsaken.
Like a gazelle, a young gazelle with increasing charm.
Spare me the fierce gaze, or have mercy on me.
For the sake of my love and the longing in
my heart, do not make me the victim of ardent passion.
I would never be gratified unless you serve me the wine of sweet serenity.

4. The Careless Drifter

I fell victim to the fierce beauty of the eyes of a careless drifter.
Her playful gaze makes me thirsty with desire.
I greet her with all my love, happy and singing,
and with my melodies, I melt my desires into tunes.
Her dewy, swaying figure is full of coquetry and beauty.
Does she know how often she occurs to the thoughts and minds?
She seduces and promises them, and they hold on to hope, but how can
they reach her?
Driven by desire, blinded by injustice, she lays the blame on them.

5. I Do Not Know

I have come. I do not know where from, but I have come,
and I have seen a path in front of me, so I proceeded,
and I will continue walking whether I want to or not.
How did I come? How did I see my way?
I do not know.
I do not recall anything from my past.

I do not know anything about my future.

I have a self, but I do not know its essence.

So when will my self know the essence of my being?

I do not know.

Where are the laughter and cries of my younger self?

Where are the ignorance and jollity of my inexperienced and naive self?

Where are my dreams, which used to follow my lead?

They are all lost, but how did they get lost?

I do not know.

6. Give Me the Ney and Sing

Give me the ney and sing, for singing is the secret of existence,

and the moans of the ney would perpetuate even after we perish.

Have you resided in the forest instead of palaces like me,

and followed the waterwheels and climbed the rocks?

Have you bathed in perfume and dried yourself with light,

and sipped the wine of dawn from glasses of ether?

Have you ever sat in the afternoon among the grapevines like me,

with bunches of grapes hanging down like golden chandeliers?

Have you stretched on the grass at night and covered yourself with space,

renouncing future pleasures and forgetting the past?

Give me the ney and sing, and forget the sickness and the cure.

People are mere lines written but with water.

7. No Sun has Risen

I swear to God, no sun has risen nor set without your love connected

to my breath,

and every time I am alone with my companions I only talk about you.

Whenever I mention your name, with sorrow or joy,

you would be in my heart, within my deepest concerns,

and whenever I reach for the water out of thirst, I see your vision

in the glass.

If only I could come to you, I would come even if I had to crawl on my

face or walk on my head.

Should you sing for me with amusement, my dear young fellow,

then sing, alas, from your cruel heart.

I shall never mind people's reckless derision;

to each his own religion.

8. The Flower of Cities

I pray for you, city of prayers,

for you, the most beautiful of residences, the flower of cities.

O Jerusalem, O Jerusalem, O Jerusalem,

O Jerusalem, O City of Prayers, I pray for you.

Our eyes set out to you every day,

roaming in the hallways of temples,

embracing the ancient churches,

and wiping the sorrow away from the mosques.

You are the prophet's Night Journey, the path of those who ascended to

the heavens.

Our eyes set out to you every day, and I pray.

The child in the cave and his mother Mariam are two crying faces;

they cry for the displaced, for the homeless children,

for those who defended our fronts and were martyred.

Peace was martyred in the homeland of peace,

and justice collapsed on the fronts.

With the fall of Jerusalem,

love receded and war resided in the hearts of the world.

The child in the cave and his mother Mariam are two crying faces,
and I pray.
The fierce rage is on its way, and I am full of belief.
The fierce rage is on its way, and I will overcome the sorrows.
It is coming from all directions, riding fearful horses.
Like God's face, it would overwhelm everything.
The doors to our city will never be closed, for I am going to pray.
I will knock on the doors, and I will open the doors,
and the Jordan River will rinse my face with holy water,
and it will wipe off all traces of brutality.
The fierce rage is on its way, riding fearful horses,
and it will defeat this force.
The house belongs to us, Jerusalem belongs to us,
and we will restore Jerusalem's beauty with our own hands.
With our own hands, we will restore peace in Jerusalem.

9. What would I Say to Him?

What would I say to him if he comes asking whether I hate him
or love him?
What would I say if his fingers begin to caress my hair,
and how would I allow him to sit closer and rest his arms on my waist?
Tomorrow, if he comes, I will give him his letters and we will feed the fire
our finest words.
'My love!' Am I really his love? And do I believe such claims after
being abandoned?
Has our story not come to an end years ago? Has my memory of him not
faded like the rays of the sun?
Have we not broken the glasses of love a long time ago? So how do we cry
over a glass we have broken ourselves?
Dear God! His smallest belongings torment me; how do I survive his

belongings, dear God?!

Here lies his newspaper, neglected in the corner. Here is a book we read together.

There are some remains of his cigarettes on the seats, and some remnants of his remnants in the corners.

Why am I gazing at the mirror asking it with which dress I should meet him?

Can I claim that I hate him now? But how could I hate the one who never leaves my sight?

And how do I escape him? He is my destiny. Can the river change its course?

I love him . . . I do not know what I love him for. Even his sins are no longer sins.

Love on earth is a figment of our imagination. Had we not found it, we would have invented it.

What would I say to him if he comes asking whether I love him? I could not love him more.

10. Do not Ask about My Lover's Name

Do not ask about my lover's name,

for I fear that its pervading fragrance would overwhelm you.

I swear by God, if I were to reveal one letter, the lilacs would pile up in the roads.

You can see him in the laughter of the waterwheels,

in the flutter of the playful butterfly,

in the sea, in the breath of the meadows,

in the nightingales' songs,

in the tears of the winter when it cries,

and in the generosity of the outpouring rain.

Charms that no book has mentioned, nor a writer's quill pen has claimed.

Stop asking about my lover's name, for I will never reveal it.

11. The School of Love

Your love has taught me how to grief, and I have, for ages, been in need
of a woman who makes me grief, a woman to cry between her arms
like a sparrow,
a woman who collects my parts like the fragments of a broken crystal.
Your love, my lady, has taught me the worst of habits.
It taught me to tell my fortune by the lines in my cup a thousand times
per night,
to try the medicine of the spice dealers and knock on the doors
of soothsayers.
It taught me to leave my house and search the pavements on the streets,
and chase your face in the rain and the car lights,
and to collect millions of stars from your eyes.
You are a woman who dazed the world . . . how I suffer like
the neys suffer!
Your love led me to the cities of sorrow, which I have never
entered before.
I have never known that tears make a human being,
that the human being without sorrow is a memory of a human being.
Your love taught me to behave like children,
to draw your face with chalk on the walls.
You are a woman who overturned my history. Your love is my slayer,
cutting every artery in my body.
Your love taught me how love changes the map of times.
It taught me that when I love the Earth stops rotating.
Your love taught me things I have never expected.
So I read fairy tales, I entered the palaces of the kings of jinn,
and I dreamt that I would marry the sultan's daughter
whose eyes are purer than the water of gulfs,
and whose lips are more desirable than the blossoms of pomegranate.
I dreamt that I would be the knight who kidnaps her,

and I dreamt that I would present to her necklaces of pearls and corals.

Your love, my lady, taught me the meaning of delirium.

It taught me how a lifetime could pass without the sultan's daughter

ever coming.

Your love led me to the cities of sorrow, which I have never

entered before.

I have never known that tears make a human being,

that the human being without sorrow is a memory of a human being.

12. I am Asking You to Leave

I am asking you to leave, for the sake of this love, darling,

and for our sake.

I am asking you to leave,

for the sake of our precious memories,

for the wonderful love as we still see it,

still engraved on our hands,

for the sake of the messages you wrote me,

and the remaining traces of your love on my hair and on my fingertips.

For our memories, our beautiful love, and our smiles,

for the most beautiful love story in our time,

I am asking you to leave.

Let us separate as two lovers, for the birds depart the hills every season,

and the sun, darling, is more beautiful when it tries to set.

Be the doubt and the blame in my life.

Be a legend, be a mirage.

Be a question in my mouth that does not have an answer.

For the sake of a wonderful love, dwelling in our hearts and our eyelashes,

so that I would always be pretty,

so that you would be closer,

I am asking you to go.

Darling, take off your traveling coat,

and stay with me until the end of our lives.

I would be crazy if I try to prevent destiny and fate.

I would be crazy if I try to dim the moon.

What would I be if you do not love me?

What would the night, the day, the stars, and staying up at night all be?

The days would be tasteless,

the fields would be colorless,

the shapes would be shapeless,

spring would be impossible,

and life would be impossible.

Stay forever, my darling, so that the trees would leaf.

Stay forever, my darling, so that the rain would pour down.

Stay forever, my darling, so that the rose would bloom

from the heart of the rock.

Never mind everything I say out of loneliness and boredom, darling,

and stay with me even when I ask you to leave.

13. I Shall Live

Why would I not live, while the shadow of roses lives on the lips,

and the bulbul's song gives life to its love?

Why would I not live, while life fills my heart and my eye?

I shall live . . . I shall live.

My friend, we have passed from light to light,

and we have gone with the star and come with the sun.

Where is that alleged darkness, my friend of the night?

God's light is in the heart, and this is what I see.

I shall live . . . I shall live.

It is no secret that my days are few, my friend.

It is no secret that days are merely long smiles.

If you seek the secret, ask the flowers on the thickets;

they live for a day, but they live the day to its fullest.

I shall live . . . I shall live.

14. Will I Meet You Tomorrow?

Will I meet you tomorrow? How my heart fears my tomorrow!

How I long and burn while waiting for the date!

How I fear tomorrow, and wish it would come sooner.

I urged it to come, yet feared its solemn call,

and the joy of his closeness approached as it complied.

Thus, I can bear the time with its bliss and torment,

as an ardent soul and a heart melting with longing.

Will I meet you tomorrow?

You are the paradise of my love, my yearning and madness,

My soul follows your direction, you are my release and sorrow.

Will your lights brighten the night of my eyes tomorrow?

I am torn between the joy of my dreams and the fear of my thoughts.

How often I have called out for you with a tune full of longing

and prayers!

You are my plea. Oh how the prolonged pleading has tormented me!

If it had not been for you, I would not have cared about the comers

and the goers.

I am already living my tomorrow now, dreaming of the encounter.

So, whether you come or not, do with my heart whatever you please.

This world is a book, and you are its ideas.

This world is nights, and you are their life.

This world is eyes, and you are their sight.

This world is a sky, and you are its moon.

So have mercy on the heart which yearns for you, for tomorrow it will be

in your hands.

Tomorrow the rivers and shadows of paradise will glow.

Tomorrow we will forget and forgive the past.

Tomorrow we will be oblivious to the unknown future.

Tomorrow we will live for the brilliant present and nothing else.

The unknown future might be sweet, but not as sweet as the present.

Will I meet you tomorrow?

15. The Homeland's Voice

Egypt which is in my heart and in my speech, I love it with my whole soul
and blood.

I wish every believer in its glory would love it as much as I do.

O sons of the sanctuary and the homeland, who loves it as much as I do?

We love it with our souls and we would sacrifice the dearest and most
valuable of our lives and works for it.

When you live in diginity under the shadow of the flag, it would stay
honorable among the nations.

I love it for its shady shadow among the green meadows
and the palm trees.

How vigorous are its plants, like silver and gold! How marvelous is the
Nile, swaggering between the hills!

O sons of the sanctuary and the homeland, who loves it as much as I do?

We love it with our souls and we would sacrifice the dearest and most
valuable of our livelihood for it.

Do not keep its water from the thirsty, and feed every mouth
with its food.

I love it for the venerable stance of its people and its noble army
who called for the right of life for everyone on its land,
revolted against the oppressors calling for its right,
and declared in its glorious history the end of the state of oppression.

O sons of the sanctuary and the homeland, who loves it as much as I do?

We love it with our souls and we would sacrifice the dearest and most
valuable of our patience and perseverance for it.
If you protect the land and support any refugee, and if you defend it, it
would live on and be secure.
Egypt, the cradle of prosperity, the landing of the guardian soul,
I pledge my loyalty to supporting the evident truth.

16. The Eternal River

A traveler carrying imagination, fascination, perfume, and shadows
is thirsty. Yet in his hands there is wine, love, art, and beauty.
The nights have grown old on his land, and the mountains have wasted
their life.
He is still seeking the houses and asking the night and the day.
The people are roaming around his spacious banks, intoxicated by his love.
Ah! What a tremendous secret you have, and how your waves wander like
a lost stranger!
O Nile, enchanter of the unknown world.
You grant eternity to the time, you water love and songs.
Give me a drink and let me roam like a bird in the gardens.
I wish I were a wave so I would narrate what has grieved me
to your nights,
and I would have become a neighbor to the winds,
and I would have poured out light for the perplexed.
So if love burns me before it flies away, the winds of darkness would be
my physician.
Ah! What a tremendous secret you have, and how your waves wander like
a lost stranger!
O Nile, enchanter of the unknown world.
I have heard on your beautiful banks what the winds have said to the
palm trees.

Is the bird hymning or singing, and explaining love to the thicket?

Are those twigs or girls that have sipped the sunset wine?

Is that a boat traveling with longing or is it the joy of the virgins?

As you run, your wind carries flames, and I have taken my share

of its charms.

Ah! What a tremendous secret you have, and how your waves wander like

a lost stranger!

O Nile, enchanter of the unknown world.

17. The Night has Come

The night has come, my love.

The night has come and my longing has called me, my love,

and your memory has roamed the sea of my thoughts like a vision,

and the past spreads shadows of intimacy and beauty.

I find my heart longing for the time of my sorrows,

and my tears flowing with the echo of my groan.

You are the guide of the wanderer in the night of strain.

Where are you now? Rather, where am I?

I am a throbbing heart in the world of longing.

I am a roaming soul in the valley of sorrows.

My thoughts are lost between my delusion and the visions of desire.

I do not know, my darling, who I am, where I am.

Your dwelling is far away from my eye but close to my heart.

How often I call out for you, out of longing, but to no avail!

Life greets lovers with companionship and goodness,

while my heart has almost melted from excessive longing.

If you come back, time would return my past delight,

and I would forget what I have suffered in my nights of loneliness.

You are the guide of the wanderer in the night of strain.

Where are you now? Rather, where am I?

My thoughts are lost between my delusion and the visions of desire.

I do not know, my darling, who I am, where I am.

Oh, how long has the night deprived me of sleep,

and the stars have wondered about my case.

I keep talking to them in my loneliness

until the breeze of the early dawn reaches you.

While I am floating in a world, it seemed to me as

a story where I read pages of my sorrows,

between a past that left me nothing but a memory

that never leaves my mind,

and wishes which gave me hope for a future reunion.

Sleep has bid farewell to my eyes, the night has echoed my groan,

and the dawn without your smile does not ease my loneliness.

You are the guide of the wanderer in the night of strain.

Where are you now? Rather, where am I?

My thoughts are lost between my delusion and visions of desire.

I do not know, my darling, who I am, where I am.

Darling, if only time would be so kind

and blesses me with your closeness,

the dawn would smile through my eyes,

the bird would sing through my tongue,

I would keep singing with ecstasy,

and the night would recite my words.

You are the guide of the wanderer in the night of strain.

Now I know who I am.

I am a singing bird in the world of dreams.

I am a smiling flower in the serenity of the days.

I was all alone between my delusion and the visions of desire

before we met and I saw who I am, where I am.

18. Spiritual Words

Spiritual words flow to the souls, and hearts perceive them
without difficulty.
As I uttered them, they flew without wings and their moan soared
in space.
They were earthly, made of dust, but they were infused
with celestial language.
My tears of passion have flowed into a speech of supreme calling,
which kept soaring among the lofty astronomical hills, stirring
the heavens with my cry.
The stars conversed and said: It must be a sound from the proximity of
the divine throne in constant beseech.
The galaxy replied: It might be a spirit secretly roaming among the planets.
And the full moon said: This is a complaining heart extending its chants
in the evening.
It only recognizes my endorsing voice in satisfaction. How worthy he is
of my loyalty!
Are those my complaints or my soliloquies in the darkness? Are the stars
of the night ill-wishers or companions?
I am living in the past, as if the time has cut off yesterday's path
from tomorrow's.
The birds on the branches are mourning the hills with their
renewed moans.
With my nights sleepless and long, and their mourning song prolonged,
tears flow from my eyes like drizzle on a dewy bough.
Until when will I be silent like a mute flower lacking the flair
of a minstrel?
My lyre is full of passionate moans, but any pent-up emotions are bound
to flood.
The thoughts in my heart rose to my lips, and were expressed through my
logic and my tongue.

I have not transgressed contentment and satisfaction, but it is the sheer story of sorrows.

My God, this complaining heart lives only to praise your highness in the universes.

Who called out the name of your essence before us? Who beseeched the One, the Subduer?

They worshipped the planets and the stars out of ignorance, but they never reached illumination from their guidance.

Has any preacher announced monotheism and guided hearts and sights to you before we did?

We declare openly that there is no god but the one who created existence and determined fates.

If faith is lost, there is no safety, and there is no world without reviving religion,

for whoever accepts life without religion has coupled it with demise.

Monotheism unites endeavors and efforts, and you can never achieve greatness while divided.

Did God not send a prophet to your nation to unify you on the path of harmony?

Your Quran and qibla are a beacon of fraternity and peace,

and above all there is the Compassionate, the Merciful, the One, the God of all creatures.

19. Your Tears Seem Defiant

Your tears seem defiant and patience seems to be your nature. But does love have no influence on you?

Yes, I am longing for you and I feel the ardor of love, but my likes do not disclose their secrets.

If the night debilitates me, I extend the hand of love and I subdue my dignified tears.

The fire in me is almost visibly radiating when the fervent longing and thoughts flare it.

She entices me with reunion, but my death seems sooner. If I die out of thirst, let there be no rain at all.

I was loyal—and loyalty entails partial humiliation—to a charming girl in the neighborhood known for her perfidy.

She asks me, "Who are you?" despite her knowing; how can an afflicted man like myself be unknown?

I gave her the answer she and her love desired: "Your victim." But she said, "Which one? There are many."

As I scrutinized my state, I found no relief, for if the distance would help me forget, abandonment would keep frustrating me.

She said, "Time has disgraced you after us." And I said, "God forbid! That was you, not time."

20. Zeriyab

The girls: Stop by these hills. Come down from Andalusia, and head toward the valley of the gazelles behind the narcissus gardens.

Lamia': This evening swaggers with charm and shadows, and we have been yearning for love and hopes for a long time. O lover who seeks our tents and visits us in the darkness of the night, how long the heart has aspired to the songs of the whispering instruments.

The girls: You did well, Lamia', you brunette. Your pleasant melodies have intimate echoes. Lamia' really refined her tones as if Zeriyab himself taught her.

Lamia': How beautiful Zeriyab's singing is! The night fairies adore it and the bulbul on the leafy tree desires it.

A girl: I wish we could hear his soliloquy.

A girl: Zeriyab is in the large palace among the wishes and the scents, singing along the whisper of the fragrances with his exciting, sweet voice.

Lamia': In those distant palaces where he sings and chants, my soul dwells.

A girl: They say he is a pitch black slave.

Lamia': Like the night for which the heart longs.

A girl: I wish we would meet Zeriyab one day, and he would sing for us melodies of love.

Lamia': And how would we meet him?

A girl: We head toward his home.

Lamia': Toward the palaces?

A girl: What would prevent us, sister?

Lamia': The palaces are far.

A girl: So what?!

Lamia': We would seek them and abandon our world's charm in vain. Let Zeriyab remain a dream within our limbs. Let Zeriyab's voice be a desire in our bosoms.

A distant voice: Ah . . .

A girl: Lamia', do you hear that?

Lamia': It is a touching, nostalgic voice . . . a voice singing from the distance.

A girl: And the melody seems happy.

Lamia': They might be hunters passing through our lands.

The hunters: O girls who collected the roses from these lowlands.

Zeriyab: We want to hunt, so where is the way to the valley?

The girls: O singing procession, you want the way to the valley?

Lamia': The way for the hunters is wide and spacious.

Zeriyab: Your voice is sweet and wonderfully pure. By God, who taught you to sing?

Lamia': Our singing is fascinating. We learn it from the origin of purity, from the tone of the stream under the light, from the dances of the birds in space.

Zeriyab: Your voice is sweet, girl. What harm would it be if you come with me to the distant palaces, to a pleasant bliss?

Lamia': I live here with the birds, delighted with the roses and the fragrances. By God, I won't leave this home even if Zeriyab himself comes to take me.

Zeriyab: I am Zeriyab.

Lamia': Zeriyab?!

Two girls: Zeriyab . . . Zeriyab?!

Lamia': Zeriyab, the melody of the poets.

A girl: Zeriyab, the finest singer.

Lamia': Zeriyab is on our land.

Girls: Zeriyab is on our land.

Lamia': Adorned with wishes.

Girls: Adorned with wishes.

Lamia': You have gilded our dreams, Zeriyab. Sing to us.

Girls: Zeriyab, sing to us.

Zeriyab: What should I sing? Choose any melody.

A girl: The charming, sweet melody of the virgins.

The girls: Yes, yes, let us drum on the tambourines.

Zeriyab (sings): Sing to me, O virgins, of love and of pledges. Its sweet image has come with wishes and promises, charming the observers who are confused by its wishes. How often it has told about its desire! How often it has told about its love! This very melody flew away but the singer improved it. The cavilers are out of sight. Where are the sweet promises?

Lamia': Oh Zeriyab, how you delighted us! Ah, if only you would stay with us for a long time! Own a beautiful house here and live forever in our town.

Zeriyab: I cannot stay for long in one place. Everyday I have songs in a different land. I'm like the bird which chants then goes to sing from a garden to another.

Lamia': Why do you keep traveling like a bird?

Zeriyab: I follow the traces of wishes. If a singer stops moving one day, he would become obscure and words would betray him.

Lamia': And to whom do you recite, narrate, and sing?

Zeriyab: To the remorseful, the perplexed, and the charming. To hearts which know love and how to listen to it, and to generations as infinite as time.

Group: Zeriyab, Zeriyab, Zeriyab. Zeriyab, Zeriyab. Zeriyab, the days would bear your memory like magical dreams. Zeriyab, the young ladies and the breezes adore your marvelous tones. The dawn is your aim, and the night is your amusement. Zeriyab, Zeriyab, your memory will live on forever.

سير المطربين والملحنين والشعراء

أبو فِراس الحمداني

وُلد أبو فِراس الحمدانيّ التّغلبيّ سنة ٣٢٠ هجرية في حلب (بسوريا الآن)، وتنتمي أعماله إلى أدب العصر العباسيّ الثّاني الذي يمتد بين عامي ٩٤٥ و١٢٥٨ م. كان شاعرًا فارسًا خاض المعارك ضد الرّوم في جيش ابن عمّه سيف الدّولة الحمدانيّ، لكنه وقع أسيرًا في أيدي الروم فحبسوه أعوامًا أبدع خلالها قصائد سُميت "الرّوميات" جسّدت آلامه النّفسيّة بسبب الغربة عن أهله ومرارة الأسر والسّجن حتى افتداه ابن عمّه بعد أن عاتبه أبو فراس لإهماله أمره.

أحمد رامي

شاعر مصريّ مشهور، من أعماله "ذكريات،" و"أغار من نسمة الجنوب،" و"أقبل الليل،" و"مصر التي في خاطري،" وبالعامية المصرية "إنت الحب،" و"حيرت قلبي معاك،" و"ياللي كان يشجيك أنيني" وكلها من غناء أم كلثوم، ومن غناء محمد عبد الوهاب "طول عمري عايش لوحدي،" و"يا وابور قول لي،" و"يا وردة الحب الصّافي."

وُلد في أغسطس ١٨٩٢، وتخرّج في مدرسة المعلمين عام ١٩١٤ وعمل في دار الكتب المصريّة. سافر إلى باريس في بعثة لدراسة اللغة الفارسيّة في السّوربون، وقام بترجمة "رباعيّات الخيّام،" وكذلك ترجم أغاني فيلم "عايدة،" وشارك في كتابة ٣٠ فيلمًا منها "الوردة البيضاء،" و"دموع الحب،" و"يحيا الحب" و"رصاصة في القلب" بطولة محمد عبد الوهاب، وكذلك أفلام "نشيد الأمل،" و"عايدة،" و"فاطمة" بطولة أم كلثوم.

حصل على جائزة الدّولة التّقديريّة عام ١٩٦٥ وعلى الدّكتوراة الفخريّة عام ١٩٧٦، ولُقّب بشاعر الشّباب عندما كان يكتب بصفة دائمة في مجلتي "الشّباب" و"الفهد" كما حصل على وسام الأرز من لبنان وجائزة مغربيّة. وتوفي في يونيو ١٩٨١.

أم كلثوم

أشهر مطربة مصريّة وعربيّة على الإطلاق. اسمها الأصلي فاطمة إبراهيم البلتاجي، لُقّبت بـ "كوكب الشرق." ولدت في محافظة الدقهليّة في شهر ديسمبر ١٩٠٤. تُمثّل قمّة الغناء المصري طول القرن العشرين.

وقد أهّل أم كلثوم لغناء القصائد الفصيحة وغيرها من الأشعار العامية نشأتها الدينية وحفظها للقرآن الكريم وتجويده وإنشاد المدائح النبوية والقصائد والتّواشيح الصّوفيّة وهي في سن مبكرة مع والدها الشّيخ إبراهيم البلتاجي وشقيقها خالد، مما ساعدها وأعانها على إجادة اللغة العربيّة نطقًا وفهمًا. ويأتي بعد ذلك لقاؤها بأستاذها ومعلمها، الملحن والمغني الشّيخ أبو العلا محمد، الذي تولى فترة شبابها الفنيّ بالتّدريس والتّثقيف المكثّف والتّدريب الدّائم، والذي تفتّحت مواهبها على يديه. وفي عام ١٩٢٤ التقت أحمد رامي شاعرها الأول حيث أنشدت معظم أغانيها من أشعاره فصيحه وعاميته.

وكان صوت أم كلثوم يدوي في الأحداث الوطنيّة لمصر، لتعبّر بصدق عن حبّها وانتمائها للوطن، وتشيع الحماس في قلوب الشّعب وذلك بما تغنّيه من ألحان ثائرة. ذلك بالإضافة إلى جهودها المثمرة في جولاتها بالدّول العربيّة الشّقيقة والخارج لجمع الأموال والذّهب من أجل المجهود الحربي وذلك في أعقاب نكسة ١٩٦٧.

وقد لقيت أم كلثوم كثيرًا من مظاهر التّقدير والتّكريم، كان من أبرزها مهرجان معهد الموسيقى العربيّة عام ١٩٤٩ الذي شارك فيه بقصائدهم وأزجالهم كبار الشّعراء والأدباء والفنّانين مثل عبّاس العقّاد وإبراهيم ناجي وعزيز أباظة وكامل الشّناوي وبديع خيري، وفي نهاية المهرجان قدّمت الهيئات الفنّيّة إلى أم كلثوم ميدالية ذهبية تقديرًا لمكانتها ووفاءً بفضلها.

وفي ١٩٦٨ أقامت سفارة باكستان بالقاهرة حفلًا كبيرًا لتقليدها وسام "نجمة باكستان" بمناسبة تكريمها للشّاعر محمد إقبال بغناء قصيدته "حديث الرّوح" ألقى فيه سفير باكستان كلمة نيابة عن رئيسها.

وفي الثّالث من فبراير ١٩٧٥ انتقلت أم كلثوم إلى الرّفيق الأعلى ورنا الحزن على الملايين من مريديها وعشّاق فنّها الذين أمتعتهم بصوتها طوال ٥٠ عامًا من الزّمان.

وقد قامت بدور البطولة في بعض من الأفلام المصريّة مثل "وداد،" و"نشيد الأمل،" و"دنانير،" و"فاطمة،" و"سلّامة." ومن أشهر أغانيها بالفصحى "أغدًا ألقاك،" و"هذه ليلتي،" و"الأطلال،" و"على باب مصر،" و"حديث الرّوح،" و"أراك عصي الدّمع،"

و"طريق واحد،" و"من أجل عينيك،" و"أقبل الليل،" و"ثورة الشك،" و"مصر تتحدّث عن نفسها،" و"حانة الأقدار،" و"صوت الوطن." ومن أبرز أغانيها بالعاميّة المصريّة: "أمل حياتي،" و"إنت عمري،" و"ليلة حب،" و"فات الميعاد،" و"ألف ليلة وليلة،" و"هجرتك،" و"الحب كله،" و"عوّدت عيني،" و"يا حبّنا الكبير،" و"ودارت الأيام،" و"فكّروني،" و"أقولك إيه عن الشّوق،" و"رقّ الحبيب،" و"الفوازير."

إيليا أبو ماضي

من أعلام الشّعر العربيّ في المهجر الأمريكي. ولد في لبنان سنة ١٨٩٠. ولم يكد يبلغ الحادية عشرة من عمره حتى هاجر إلى مصر، فقصد الإسكندريّة يعمل في محل صغير لعمّه نهارًا، ويطلب العلم ليلًا، ويكتب محاولاته الشّعريّة وينشرها في مجلة "الزّهور." وقد صدر له في عام ١٩١١ ديوانه الأوّل "تذكار الماضي" خاليًا من القصائد الوطنيّة التي كان الشّاعر يرتاح إلى نظمها "لأن سياسة ذلك الزّمن كانت تعاقب بالسّجن، من شهر إلى ستّة أشهر، كل من قال بيتًا من الشّعر تُشْتَمُّ فيه رائحة النقد" طبقًا لقوله.

ولم يلبث أن هاجر إلى الولايات المتحدة الأمريكيّة حيث عمل في التّجارة. ولما أُسِّست "الرّابطة الإقليميّة" في نيويورك سنة ١٩٢٠، برئاسة جبران خليل جبران، انضم أبو ماضي إليها، وأصبح شاعرها الأوّل، وأحد أبرز أركانها العاملين، حتى قيل إن جبران فنانها وفيلسوفها، وميخائيل نعيمة ناقدها، وأبو ماضي شاعرها.

انصرف إلى الحياة الأدبيّة والصحافيّة في "المجلة العربية،" وجريدة "الفتاة،" وجريدة "مرآة الغرب." ثم أصدر مجلة "السّمير" سنة ١٩٢٩، ولم يلبث أن حوّلها إلى جريدة يوميّة، ظل يصدرها حتى وفاته سنة ١٩٥٧، ويعالج فيها مختلف المشاكل الاجتماعيّة والقضايا الإنسانيّة والسّياسيّة العربيّة والعالميّة.

جبران خليل جبران

هو شاعر وأديب ورسّام لبنانيّ ولد عام ١٨٨٣ في قرية بِشَرّي بلبنان. وفي عام ١٨٩٥ رحل مع والدته وإخوانه إلى مدينة بوسطن بالولايات المتحدة. ثم عاد جبران وحده إلى بيروت ليتمّ تعليمه حيث التحق بمدرسة الحكمة ودرس فيها العربيّة والفرنسيّة أربع سنوات. وفي عام ١٩٠٢ رجع إلى أمريكا مرة ثانية، وفي عام ١٩٠٨ التقى ماري هاسكل — مديرة مدرسة البنات — في معرض أقامه للوحاته، ثم زارها في مدرستها، وقدّمته إلى ميشلين (المدرسة الفرنسية التي تعمل بمدرستها وعشيقة جبران فيما بعد)، وفي تلك السّنة شجّعته هاسكل

على السّفر إلى باريس لاستكمال دراسة الفنّ على نفقتها، فسافر، وهناك اتصل بمعاهد الرّسم والتّصوير، والتحق بمدرسة الفنون الجميلة وأكاديمية جوليان.

في عام ١٩٠٩ اقتسم مرسمًا خاصًا افتتحه مع يوسف الحويك، الذي كان رفيقًا له بمدرسة الحكمة البيروتيّة. وكان جبران قد التقاه بمدرسة الفنون الجميلة، وسرعان ما اختلفا مع أستاذهما فتركا الدّراسة، وافتتحا هذا المرسم. وفي ١٩١٠ وقبل أن يترك باريس التقى والكاتب اللبناني أمين الريحاني، وصارا صديقين، ورحلا معًا إلى لندن، ومعهما مواطنهما يوسف الحويك، وأصبح شغلهما الشاغل هو إيجاد وسيلة لنهوض العالم العربي من كبوته، وحل النّزاع الدّيني بين طوائفه المختلفة.

في ١٩١٢ أرسلت إليه مي زيادة أول رسالة تعبّر فيها عن إعجابها بأدبه، ومن هنا نشأت بينهما العلاقة الأدبيّة الشّهيرة. وفي عام ١٩٢٠ ساهم في تأسيس رابطة للأدباء وانتخب عميدًا لها وقد رسم هو بنفسه شعارها.

في ١٩٢٥ مرض جبران مرضًا شديدًا رافقه حتى وفاته في ١٩٣١ بعد انتهائه من تأليف كتابه الأشهر "النبي." وكان قد ترك أعماله الفنّيّة ومرسمه الخاصّ هبة لماري هاسكل. ومن أهم أعماله الأدبيّة بالعربيّة: "الأجنحة المتكسّرة،" و"دمعة وابتسامة،" و"الموسيقى،" و"الأرواح المتمردة،" ومن أهمّ أعماله باللغة الإنجليزيّة: "TheProphet" و"SandandFoam" و"TheEarthGods" و"JesustheSonofMan" و "The Garden of the Prophet" وقد ترجمها جميعًا د. ثروت عكاشة بعناوين "النبي،" "رمل وزبد،" "أرباب الأرض،" "عيسى ابن الإنسان،" و"حديقة النبي."

الحسين بن منصور الحلّاج

أبو عبد الله الحسين بن منصور الحلّاج (٨٥٨–٩٢٢) من أعلام التصوف من أهل البيضاء وهي بلدة بفارس، ونشأ في مدينة واسط ١٨٠ كم جنوب بغداد والعراق.

الحسين بن منصور بن محمى الملقّب بالحلّاج يعتبر من أكثر الرجال الذين اختلف في أمرهم، وهناك من وافقوه وفسروا مفاهيمه.

ولم تُرضِ فلسفة الحلّاج التي عبّر عنها بالممارسة الفقيهَ محمدًا بن داود قاضي بغداد، فقد رآها متعارضة مع تعاليم الإسلام بحسب رؤيته لها، فرفع أمر الحلّاج إلى القضاء طالبًا محاكمته أمام النّاس والفقهاء فلقي مصرعه مصلوبًا بباب خراسان المطل على دجلة على يدي الوزير حامد بن العباس، تنفيذًا لأمر الخليفة المقتدر في القرن الرّابع

الهجري. وقد نشأ الحسين بواسط ثم دخل بغداد وتردّد إلى مكة واعتكف بالحرم فترة طويلة، وأظهر للنّاس تجلدًا وتصبرًا على مكاره النّفوس، من الجوع والتّعرّض للشّمس والبرد على عادة متصوفة الزّرادشتيين، وقد طاف البلدان وزار المدن الكبيرة وانتقل من مكان لآخر داعيًا إلى الله الحق على طريقته، فكان له أتباع في الهند وفي خراسان، وفي سركسان وفي بغداد وفي البصرة. وقد اتهمه مؤرخو السّنّة الذين لم يكونوا يفهمون التّأثير الرّوحيّ ذي التّاريخ العريق في الدّين والفلسفة الزّرادشتيّة، بأنه كان مخدومًا من الجنّ والشياطين وأنّ له حيل مشهورة في خداع النّاس ذكرها ابن الجوزي وغيره، وكانوا يرون أنّ الحلّاج يتلون مع كل طائفة حتى يستميل قلوبهم، وهو مع كل قوم على مذهبهم، إن كانوا أهل سنّة أو شيعة أو معتزلة أو صوفيّة أو حتى فسّاقًا، دون أن يفهموا النّظرة الفلسفيّة للحلّاج التي ترى جوهر الإنسان وليس ظاهر سلوكه.

وفي عام ٩٢٢ تم تنفيذ حكم الخليفة في إعدامه، وعند إخراجه لتنفيذ الحكم فيه ازدحم النّاس لرؤيته. ويقال أن سبب مقتله يكمن في إجابته على سؤال أحد الأعراب عن ما في جبته، فرد عليه الحلّاج "مافي جبتي إلا الله" فاتّهم بالزّندقة وأقيم عليه الحدّ، وقيل أن السبب قد يكون سياسيًا آنذاك .

رحباني (أخوان)

مؤلّفان وملحّنان لبنانيان، هما عاصي وأخوه منصور الرّحبانيّ، كانا يعملان في البوليس اللبناني ثم استقال عاصي ليعمل عازفًا في فرقة الإذاعة اللبنانيّة. وكانت له بعض الألحان الخفيفة لشقيقته سلوى في إذاعة الشّرق الأدنى، منها "دجاجات الحبّ" و"دياب الغابات." كان يعتبر الموسيقار اللبناني حليم الرومي مرجعه وأستاذه. وكان الرّومي مهتمًّا باكتشاف الأصوات اللبنانيّة ومنها فيروز التي لحّن لها "يا حمام يا مروح،" وقد عرّفها بعاصي ليلحن لها فتوطدت علاقتهما وانتهت بالزّواج عام ١٩٥٤.

استقال منصور أيضًا من البوليس وكوّن مع عاصي وآخرين "عصبة الفنانين." وكان مهتمًّا ببعث موسيقى جديدة من واقع التّراث الغنائيّ، ثم أعلن عاصي ومنصور تكوين "الأخوين رحباني" وظهر إنتاجهما في إذاعة الشّرق الأدنى وإذاعة لبنان. وافتتح الأخوان مكتبًا فنّيًّا للعمل عام ١٩٥٦ وانتشرت أعمالهما مع فيروز في إذاعة سوريا وحفلاتها، ولحّنا لفيروز الأغاني والمسرحيّات الغنائيّة والاسكتشات.

من أعمالهما "يا مرسال المراسيل،" و"باعتلي سلام،" و"يا با لا لا،" و"سنرجع

يومًا،" و"زهرة المدائن،" و"باكتب اسمك،" و"حبيتك بالصيف،" و"علموني،" و"حبيبي بدّه القمر،" و"قمرة يا قمرة،" و"غالي الدّهب،" و"شتي يا دنيا،" و"نسّم علينا الهوى."

رياض السّنباطيّ

موسيقار مصريّ مشهور، ولد عام ١٩٠٦ بفارسكور، وعاش طفولته وصباه في مدينة المنصورة. كان والده مغنيًا وملحّنًا. تلقى رياض علومه الأولى بالمدارس لكنه كان يهرب منها للاستماع إلى مجالس الغناء. قام والده بتحفيظه بعض الموشّحات والأدوار وكان يصحبه في الأفراح. تعلّم العزف واستمع إليه سيد درويش عام ١٩٢٢، وطلب من والده أن يتبناه ورفض. انتقل إلى القاهرة في أواخر العشرينيات والتحق بمعهد الموسيقى العربيّة وبدل أن يلتحق به طالبًا عيّنوه مدرسًا للعود لبراعته في العزف.

لحّن للمسرح "سهرة بريئة" لفرقة منيرة المهديّة، ثم "عروس الشّرق" و"آدم وحواء" لنفس الفرقة، كما لحن فصلًا من أوبريت "سميراميس." اختارته أم كلثوم ليكون ملحّنها الثّالث مع القصبجي وزكريا أحمد عام ١٩٣٦، وكان أول ألحانه لها مونولوج "النّوم." ولحن ٥٧٥ لحنًا تستطيع أن تقول بثقة عنها جميعًا إنها جميلة، منها ٣٠٢ لأم كلثوم وحدها، و٢٠ لنور الهدى، و٢٧ لحناً لعبد الغنيّ السّيد، و٢٩ لحنًا لليلى مراد، و٢٥ لحنًا لسعاد محمد، و١٢ لحنًا لنجاة، وغنى ٨٢ لحنًا بصوته. وقد بلغ القمّة في تلحين القصائد، ويقدر عدد معزوفاته بثلاثين قطعة منها "لونجا رياض،" و"رقصة شنغهاي،" و"ليلة البدر،" و"القبلة الأولى."

قام ببطولة فيلم واحد هو "حبيب قلبي" مع هدى سلطان، كما ظهر في لقطة واحدة في فيلم محمد عبد الوهاب "الوردة البيضاء" عام ١٩٣٣.

حصل على جائزة الدّولة التّقديريّة عام ١٩٧٧، ووسام الفنون والعلوم من الطبقة الأولى، كما مُنح الدكتوراة الفخرية من أكاديمية الفنون عام ١٩٧٧.

من أشهر أعماله "أراك عصي الدمع،" و"أروح لمين،" و"أقبل الليل،" و"إله الكون،" و"عرفت الهوى،" و"رباعيات الخيام،" و"صوت الوطن،" و"دليلي احتار،" و"هلت ليالي القمر،" و"إن كنت ناسي،" و"يا هاجر بحبك،" و"يا حبنا الكبير،" و"أنا النّيل مقبرة للغزاة،" و"يا حبيب الروح،" و"ولد الهدى،" و"حديث الروح."

توفي في ٧ سبتمبر عام ١٩٨١.

ريما خشيش

مطربة لبنانيّة، ولدت عام ١٩٧٤ في الخيام بجنوب لبنان. والدها كامل خشيش عازف قانون. بدأت الغناء في طفولتها، وفي سن التّاسعة كانت عضوة في فرقة "بيروت للتّراث." درست الموسيقى العربيّة الكلاسيكيّة في المعهد الوطنيّ العالي للموسيقى (الكونسيرفتوار) في بيروت. كانت عضوًا في فرقة هولنديّة عراقيّة لبنانيّة باسم "قطار الشرق." أصدرت مع الفرقة ألبوم غنائي باسم الفرقة عام ٢٠٠٢، وبعدها بدأت الغناء المنفرد فأصدرت ألبومي "ياللي" عام ٢٠٠٦ و"فلك" عام ٢٠٠٩.

تمتاز بأسلوبها الذي يمزج بين الأغاني العربيّة القديمة وموسيقى الجاز. وقد اعتبرها النّقّاد مغنّية المثقفين ومطربتهم المميزة التي ترفض الغناء في المطاعم والحانات والمقاهي والتي ترفض حصر جمهورها المتذوق لإيقاعات الطّرب الأصيل حتى بكبار السن، بل إن تذوق غناء ريما وطربها يستقطب شرائح اجتماعيّة متنوعة من جميع الأعمار والانتماءات.

الصاوي شعلان

شاعر مصريّ، ولد عام ١٩٠٢ بمركز أشمون بمحافظة المنوفيّة. كفّ بصره في طفولته، وحفظ القرآن الكريم وتعلّم تجويده، ثم التحق بالأزهر عام ١٩١٨ وحصل على الشّهادة الثّانويّة عام ١٩٢٤.

التحق بقسم اللغات الشّرقيّة بكلية الآداب في جامعة القاهرة، فأجاد اللغتين الفارسيّة والأرديّة، ثم حصل على دبلوم في الدّراسات العليا من قسم اللغات الشّرقيّة عام ١٩٤٨. ألّف لجنة لكتابة القرآن الكريم بطريقة "برايل" للمكفوفين، ورأس اللجنة.

حصل على جائزة الشّعر الأولى مناصفة مع الشّاعر أحمد محرّم في مهرجان بنك مصر عام ١٩٣٦، كما نال وسام الاستحقاق من الطبقة الرابعة من الرئيس جمال عبد الناصر عام ١٩٦٣.

كان يكتب ويقرأ بطريقة"برايل" ولما كانت أغلب الكتب المطبوعة بهذه الطريقة مكتوبة بالإنجليزية، فقد تعلمها حتى أتقنها ويرجع إليه الفضل في تصويب ومراجعة المطبوع بها.

توفي في القاهرة عام ١٩٨٢.

عبد الحليم حافظ

مطرب مصريّ مشهور. اسمه الأصليّ عبد الحليم شبانة، ولد في ١٩٢٩ بقرية الحلوات بالزّقازيق، وتوفيت والدته ساعة مولده. التحق بكتّاب القرية ثم المدرسة الابتدائيّة وأدخله خاله ملجأ الأيتام لمدة ٨ سنوات. انتقل إلى القاهرة عند شقيقه الفنان إسماعيل شبانة عام ١٩٤٣ ليلتحق بمعهد الموسيقى، ثم عمل عازفًا على آلة الأبوا في الإذاعة عام ١٩٤٩، واعتمد كمطرب عام ١٩٥١، وكانت أول أغانيه قصيدة "لقاء" شعر صلاح عبد الصّبور وألحان كمال الطّويل.

توطّدت علاقته بالملحنين كمال الطويل ومحمد الموجي ثم محمد عبد الوهاب. كان صوت "ثورة يوليو" وأغانيه الوطنيّة كان لها أثر عظيم في شحذ الهمم.

قام ببطولة ١٥ فيلمًا وثلث لأنه قام ببطولة قصة واحدة في فيلم "البنات والصيف" المكون من ٣ قصص.

من أغانيه "ظلموه،" و"فوق الشّوق،" و"أهواك،" و"كنت فين،" و"نبتدي منين الحكاية،" و"قارئة الفنجان،" و"التّوبة،" و"صافيني مرة،" و"سوّاح،" و"فوق الشّوك."

أطلقت محافظة القاهرة اسمه على شارع يجاور معهد الموسيقى العربية بوسط المدينة، وكذلك أطلقت محافظة الشرقية اسمه على شارع بمدينة الزّقازيق، وأصدرت مصلحة سكّ العملة المصريّة عملة تذكاريّة ذهبيّة وفضّيّة تحمل صورته. توفي في ٣٠ مارس عام ١٩٧٧.

عمر خيرت

موسيقار مصريّ، ولد عام ١٩٤٨ بالقاهرة، التحق بمعهد الكونسيرفتوار عام ١٩٥٩ ودرس به حتى المرحلة العالية ثم اتجه للدّراسة بالمراسلة بلندن. تفرّغ للتّأليف الموسيقيّ، وكان عضوًا بلجنة الاستماع التّابعة للقطاع الاقتصادي بالتّليفزيون.

من أعماله نشيد الشّرطة، وفوازير التّليفزيون "جيران الهنا" وأغنية "المصري" للطيفة، وكتب الموسيقى المصاحبة لعرض بانوراما العبور، وموسيقى "باليه النّيل" وباليه "العرّافة" و"العطور السّاحرة" والعديد من الموسيقى التّصويريّة للأفلام، بدأها بفيلم "ليلة القبض على فاطمة،" ثم "إعدام ميت،" والعديد من مسلسلات التّليفزيون منها "البخيل وأنا" و"غوايش" و"الهروب من السّجن" و"الخواجة عبد القادر."

فؤاد عبد المجيد

شاعر وملحّن ومطرب مصريّ، ولد عام ١٩٢٦ بالقاهرة. تخرّج من كلية الزّراعة بجامعة القاهرة، وعمل في شركة "شل" للبترول قبل تأميمها وبعده حتى وصل إلى درجة وكيل وزارة، ومن خلالها سافر إلى العديد من دول العالم وعاش في سوريا ولبنان لفترات طويلة. علّمه الرّائد صفر علي الذي اكتشف موهبته أصول الغناء وكتابة الموشّحات وتلحينها والعزف على العود. عمل في شركة البليدي بعد استقالته من شركة "شل" للبترول فطاف معها باقي الدّول التي لم يسافر إليها من قبل.

كان يفضّل الغناء في جلسات الأصدقاء ويكره الأضواء حتى أقنعه المخرج علي رضا لتقديم بعض الموشّحات من خلال فرقة رضا. وكان من أهم أعماله موشّحات "دعاني،" و"حيرني الهوى،" و"يا غريب الدّار،" و"فُتن الذي،" و"عجبًا لغزال،" و"يا شادي أسمعنا."

توفي في أول يوليو عام ١٩٩٤.

فيروز

مطربة لبنانيّة مشهورة اسمها الأصلي نهاد حداد. ولدت عام ١٩٣٥ في منطقة شفا عمرو بحيفا بفلسطين وهاجرت مع عرب ١٩٤٨ إلى لبنان، وهي أكبر أخواتها جوزيف وهدى وآمال. التحقت بمدرسة "الإناث الأولى الرّسميّة" وذاع صيتها هناك بتمتّعها بعذوبة الصّوت وإجادة الأداء للأناشيد الوطنيّة وأعطاها أستاذ الموسيقى بالمدرسة شهادة بذلك وطلب من والدها أن يلحقها بالكونسيرفتوار، وفعلًا تم ذلك عام ١٩٤٦ وقيد اسمها في صف محمد فليفل لدراسة الإنشاد والغناء والصّولفيج، وكانت تحبّ الأغاني التي يبثّها المذياع فاشترى والدها راديو، وتمّ تقديمها إلى الإذاعة التي عقدت لجنة قضت بضمّها إلى كورس الإذاعة واقترح حليم الرّومي عليها تغيير اسمها إلى "فيروز."

احتضن حليم الرومي فيروز غنائيًا ولحّن لها كثيرًا من الأغنيات بدأت بأغنية "تركت قلبي وطاوعك حبي" وأذيعت سنة ١٩٥٠، ثم "في الجو سحر وجمال،" و"يا حمام يا مروح بلدك،" وغيرها.

ثم قام بالتلحين لها سليم الحلو وخالد أبو النصر وعاصي الرّحباني وأثمر لقاؤها مع الأخير أغنيّات ومسرحيّات وأعمالًا كثيرة، كما أثمر ارتباطهما الزّوجيّ أبناءهما زياد وهلى وليال وريما.

تميّزت أعمال عاصي الرّحبانيّ وأخوه منصور لفيروز بانتقاء جيد للكلمة الشّعريّة والألحان البسيطة التي تكفل الانتشار وسهولة الحفظ، مع التّوزيع الموسيقي الرّشيق الملائم للأذن العربيّة والذّوق الغربيّ في الوقت نفسه، فقدّموا الإسكتش والمسرحيّات الغنائيّة المتطوّرة منها "هالة والملك،" و"الشّخص،" و"أيام فخر الدّين،" و"جبال الصّوان،" و"صح النّوم،" و"بترا" وغيرها.

وغنّت فيروز بعض ألحان سيد درويش منها "طلعت يا محلا نورها،" و"الحلوة دي قامت،" كما غنت "شطّ إسكندريّة" من ألحان الرّحبانيّة، ومن ألحان محمد عبد الوهاب أعادت غناء "يا جارة الوادي" و"خايف" ولحن لها "إسهار" و"مرّ بي" و"سكن الليل." ولعل قصيدة "زهرة المدائن" لفيروز والرّحبانيّة من أعظم ما قدّمه الفنّ العربيّ لكفاح الفلسطينيّين والعرب من أجل القدس والقضية الفلسطينيّة.

قام ابنها زياد بتلحين بعض الأغاني لها بعد وفاة أبيه من أشهرها "البوسطة،" و"كتبنا وما كتبنا،" و"قال قايل عن حبي."

كاظم السّاهر

مطرب وملحن عراقيّ لامع، ولد بالموصل بمحافظة نينوي العراقيّة عام ١٩٦١. كان والده ضمن أفراد الجيش العراقيّ يتنقل للمعيشة في بلاد مختلفة حسب الأوامر وبعد أن أحيل إلى المعاش عمل نجارًا صغيرًا في محل صغير استأجره لتصليح الأثاثات المنزلية البسيطة، وكان كاظم يساعده بعد انتهاء اليوم الدراسي وفي العطلات، استطاع أن يشتري من عائد عمله مع والده جيتارًا. وهو طفل صغير أحب ابنة الجيران الطّفلة وكانت تحمل اسم "السّاهر" فاتخذ من اسمها اسم شهرة له. وفي سن ١٢ أحب الغناء خاصة أغاني محمد عبد الوهاب وفريد الأطرش وعبد الحليم حافظ، ثم أغاني المطربين العراقيّين ناظم الغزاليّ ومحمد القبنجيّ.

التحق بدار المعلمين الابتدائية وتخرج فيها عام ١٩٧٨ ليعمل بالتّدريس، والتحق بمعهد الدّراسات النّغميّة عام ١٩٨٢، وقد سعى كاظم للغناء في إذاعة الغناء لكنه فشل كثيرًا، وقد أتيحت له الفرصة عندما طلب منه تلحين وغناء مقدّمة مسلسل تليفزيونيّ ثم نجحت له أغنيّة "عبرت الشّط" في الشّارع العراقيّ ولحّن بعدها أغنيّة طويلة بعنوان "لا يا صديقي،" وبدأ في تقديم العديد من الأغنيّات التي لاقت نجاحًا هائلًا في العراق منها "يا لعزيز" و"لا تحتج" و"سلمتك بيد الله" و"بعد الحبّ."

كان ينتقي كلمات أغانيه من أشعار نزار قبّانيّ وأسعد الغريري وعزيز الرّسّام وكريم العراقيّ، ولما انتشرت القنوات الفضائيّة ذاعت شهرته في العالم العربيّ وانتقل إلى لبنان حيث حقق نجاحًا كبيرًا، وشارك في حفل غنائيّ في القاهرة حقق من خلاله نجاحًا ملحوظًا واستمرّت إقامته في القاهرة. وغنّى باللهجة المصريّة "ماقدرش" و"أشكيك لمين" وهما من تأليف عبد الوهاب محمد، وغنّى من أشعار أحمد شوقي "مال واحتجب،" كما غنّى مع لطيفة "من ينقذ الإنسان" لأطفال الانتفاضة الفلسطينيّة، ولحّن للمطربات لطيفة وماجدة الرومي وغادة رجب.

من أشهر أعماله "أنا وليلي،" و"سلامتك من الآه،" و"نزلت للبحر،" و"كلّك على بعضك،" و"قولي أحبك،" و"ها حبيبي،" و"الحب المستحيل،" و"بغداد،" و"مدرسة الحب،" و"إني خيرتك."

كمال الطّويل

ملحّن مصريّ معروف، ولد سنة ١٩٢٢ بالقاهرة. تلقى تعليمه بمدرسة الأورمان وواصل حتى حصل على دبلوم الفنون من مدرسة الفنون التطبيقية العليا عام ١٩٤٢، وحصل على دبلوم المعهد العالي للموسيقى المسرحيّة عام ١٩٤٩. تعلّم العزف على آلة العود في معهد عباس جمجوم بالإسكندريّة.

احترف التّلحين عام ١٩٥٢ عندما لحن دعاء كتبه والده وهو "إلهي ليس لي إلاك عونًا" وغنّته فايدة كامل، وكان قد عاش في طنطا وحفظ ألحانها الشّعبيّة والدّينيّة، ومن ألحانه "الحلو حياتي" و"حبيب حياتي" و"جواب" و"راح" و"الحلوة" و"أسمر يا أسمراني" وكلها لعبد الحليم حافظ، و"شيكولاتة" و"بره الشّبابيك" لمحمد منير، و"كلمني عن بكرة" و"قلبك راح فين" و"سمارة" و"استناني" وكلها لنجاة، ولحن لسعاد حسني وأحمد زكي مسلسل "هو وهي" مع عمار الشّريعيّ. وضع الموسيقى التّصويرية لأفلام روائيّة منها "المصير" الذي لحّن فيه "علّ صوتك بالغنى" غناء محمد منير، وفيلم "العاصفة" والفيلم التّسجيليّ "نجيب محفوظ."

حصل على وسام العلوم والفنون من جمال عبد الناصر، وحصل على جائزة الدولة التشجيعية في الستينيات، كما حصل على جائزة الدولة التشجيعية في الفنون سنة ٢٠٠٣. وقد أطلقت محافظة القاهرة اسمه على شارع "المنتزه" بحي الزّمالك. توفي في ٩ يوليو عام ٢٠٠٣.

محمد إقبال

شاعر باكستانيّ مشهور. وُلد في البنغاب الغربيّة بباكستان سنة ١٨٧٧. اعتنق أحد أجداده الإسلام عام ١٤٧٣. درس الفارسيّة والعربيّة وكرّس حياته للدّراسات الإسلاميّة. كان يكتب الشعر في البداية باللغة البنغالية ووجهه أستاذه ميرحسن إلى النّظم بلغة الأردو. التحق بجامعة البنجاب عام ١٨٩١ وتخرج فيها عام ١٨٩٧ وحصل على درجة الماجيستير عام ١٨٩٩ وحصل على تقديرات عالية في اللغة العربيّة. فعيّن معيدًا للعربية في الكليّة الشّرقيّة بنفس الجامعة التي درس فيها وظل يعمل بها لمدة أربع سنوات. سافر إلى لندن ليكمل تعليمه عام ١٩٠٥ والتحق بجامعة كامبريدج ثم غادرها إلى بعض البلاد الأوروبية وكان يعمل على نشر الإسلام في رحلاته. زار أفغانستان بدعوة من ملكها كما زار مصر. ونال درجة الدكتوراة من ألمانيا على بحث بعنوان "تطور الغيبيّات في فارس" وبعد عودته التحق بمدرسة لندن للعلوم السّياسيّة وحصل منها على إجازة الحقوق بامتياز.

وعاد إلى بلده عام ١٩٠٨ وعمل بالمحاماة وفي نفس الوقت أستاذ للفلسفة في كلية لاهور. وتوفي عام ١٩٣٨.

محمد عبد الوهاب

أهم وأشهر أعلام ورواد الموسيقى العربيّة. يُرجّح أنه ولد في ١٣ مارس ١٨٩٧ كما دلّت الشّهادات المتداولة من أقرب أقرانه وأصدقائه، كما دل على تاريخ ميلاده بداية عمله في دور البطولة سنة ١٩٢١ بمسرح سيد درويش، لكن حين توفي في عام ١٩٩١ ذكر البيان الحكومي الرسمي أن عمره كان ٨٨ عامًا.

بدأ حياته الفنية عام ١٩١٧ بفرقة "فوزي الجزايرلي،" التي كانت تعمل على مسرح الكلوب المصري بحي سيدنا الحسين. كان يغني خلال فترات الاستراحة بين فصول الروايات القصائد التي حفظها لقاء بضعة قروش.

بدأ عبد الوهاب دراسته عام ١٩٢٤ بنادي الموسيقى الشرقي (معهد فؤاد الأول للموسيقى العربية) فيما بعد. وعين في أثناء دراسته بالمعهد مدرسًا للأناشيد بمدارس وزارة المعارف عام ١٩٢٥ حيث كان يلقن التّلاميذ الأناشيد الوطنية المشهورة في ذلك الوقت مثل "بلادي بلادي" لسيد درويش والذي أصبح فيما بعد النّشيد الوطنيّ لجمهوريّة مصر، ونشيد "اسلمي يا مصر" لصفر علي.

في عام ١٩٢٦ عهدت إليه المطربة الشّهيرة منيرة المهديّة باستكمال تلحين رواية "كليوباترا وأنطونيو" تأليف يونس القاضي وأمين نخلة وكان سيد درويش قد لحّن الفصل الأوّل منها وجزءًا من الفصل الثّاني قبل وفاته، وقد قام عبد الوهاب بدور أنطونيو أمام منيرة المهدية في ١٩٢٧.

في عام ١٩٣٣ اعتزل عبد الوهاب إقامة الحفلات الغنائيّة على المسرح إلا نادرًا، وبدأ مشواره الفنّيّ مع السّينما الذي امتد من ١٩٣٣ حتى ١٩٤٦. وقد أنتج خلال هذه الفترة ٧ أفلام، نذكر منها "الوردة البيضاء" و"دموع الحب" و"يوم سعيد."

تبناه الشاعر أحمد شوقي وقام برعايته وتوجيهه وقدّمه إلى الزّعماء والصّحافيّين والأدباء والشّعراء من أصدقائه وشجعه على تعلّم اللغة الفرنسيّة وكان يصحبه معه في رحلاته إلى الشّام وباريس وهيأ له كل وسائل الاستماع إلى الموسيقى العالميّة، وظل عبد الوهاب في معية شوقي حتى وفاة الأخير عام ١٩٣٢.

طوّر عبد الوهاب في أسلوب أداء القصائد والأغاني الطّويلة والتّعبير عن الكلمة والمضمون، فجاء الغناء في خدمة الشّعر مع الاهتمام باللزم والمقدّمات الموسيقيّة.

كان عبد الوهاب من أوائل الفنانين الذين اتجهوا إلى التأليف الموسيقيّ الآليّ، فاستطاع أن يجعل للموسيقى البحتة أو الخالصة عشّاقها الذي يستمتعون بها قدر استمتاعهم بالغناء.

وتربّت أصوات كثيرة من أهل الغناء في مصر والوطن العربيّ على أنغام عبد الوهاب، وغنى ألحانه عدد كبير من المطربين والمطربات، منهم: محمد عبد المطلب وليلى مراد ونجاة وفيروز وعبد الحليم حافظ وفايزة أحمد وشادية وصباح ووردة ووديع الصّافي. وتعانق فنّ عبد الوهاب مع صوت أم كلثوم في "إنت عمري" عام ١٩٦٤ وتوالت بعدها الرّوائع التي غنّتها له وبلغ عددها ١٠ أعمال.

وواكب فن عبد الوهاب الأحداث الوطنيّة التي مرت بها مصر في القرن العشرين كافة وقدم الكثير من الألحان الحماسية الفردية والجماعية.

واستطاع عبد الوهاب أن يحتفظ بمكان الصّدارة في الغناء والتلحين ما يقرب من ٦٠ عامًا، وذلك بفضل جدّيته وإخلاصه لفنّه وتفانيه وذكائه وفكره الموسيقيّ المتجدّد ودقّته البالغة في انتقاء كلمات ألحانه وتنفيذها وتطلعاته الوثّابة، والبحث عن كل ما هو جديد ومبتكر.

ومن أشهر أعماله "الحب جميل" و"الشّاغل هو المعشوق" لليلى مراد، و"الدّنيا ريشة

في هوا" لسعد عبد الوهاب، و"خدعوها بقولهم حسناء" و"أنا أنطونيو" و"جفنه علم الغزل" و"كليوباترا" و"الجندول" و"همسة حائرة" و"عاشق الرّوح" من غنائه، و"أنا أكرهك" و"حبيتك يا اسمك إيه" و"ومن سحر عيونك ياه" لصباح، و"ظلموه" و"عقبالك يوم ميلادك" و"أهواك" لعبد الحليم حافظ، و"بسبوسة" و"أحبك" لشادية.

توفي في ١٩٩١، فكان من جيل الملحنين العمالقة في العصر الحديث. وشيعت جنازته عسكريًا بقرار من رئيس الجمهورية حسني مبارك، وهو تقدير وتكريم غير مسبوق لأي فنان.

محمد علي أحمد

شاعر غنائيّ مصريّ، ولد بالإسكندرية في ١٩١٤. كان ضابطًا في شرطة المرور، وكان من الذين تعاملوا مع عبد الحليم حافظ في بداية مشواره. وقد كتب كلمات أغنيّة شهيرة له غنّاها عبد الحليم في فيلم "لحن الوفاء" عام ١٩٥٤ وهي أغنيّة "على قد الشوق،" وجميع أغاني عبد الحليم في الفيلم من تأليف محمد علي أحمد باستثناء "تعالي أقولّك" من تأليف فتحي قورة. كما ألف محمد علي أحمد أغاني أخرى لعبد الحليم مثل قصيدة "ربما،" و"يوم وأرتاح،" و"فات الرّبيع." بلغ عدد الأغاني التي كتبها ٥٠٠ أغنية، وكتب استعراضات لفرقة رضا منها "فدادين خمسة،" و"الناي السحري،" وأنتجت السّينما من تأليفه فيلم "السّتّ النّاظرة."

كتب أيضًا أغنية "إن كنت ناسي أفكّرك" التي غنتها هدى سلطان، وكذلك أغنيتي "يا رايحين الغورية" و"بين شطّين وميه" اللتين غناهما محمد قنديل. توفي في مارس ١٩٧٧، وهو نفس الشهر الذي توفي فيه عبد الحليم حافظ.

محمود حسن إسماعيل

شاعر مصريّ، ولد عام ١٩١٠ بقرية النّخيلة بمركز أبو تيج بمحافظة أسيوط، وتخرج من كلية دار العلوم عام ١٩٣٦. أختير عضوًا بلجنة الشعر بالمجلس الأعلى للفنون والآداب منذ تكوينها وعضوًا بلجنة النّثر والدّراسات الأدبيّة بالمجلس الأعلى. عمل بمجمع اللغة العربيّة محررًا قبل التحاقه بالإذاعة المصرية عام ١٩٤٤، حيث تدرّج في العمل الثّقافيّ بها وعين مستشارًا لها، وكان رئيسًا للجنة النّصوص أيضًا.

أثرى المكتبة العربيّة بأربعة عشر ديوانًا بدأ نشرها عام ١٩٣٧، ومنها "أغاني الكوخ،" و"هكذا أغنّي،" و"أين المفر،" و"قاب قوسين،" و"موسيقى من السر."

نال جائزة الدّولة في الشّعر عام ١٩٦٤ عن ديوان "قاب قوسين،" وقد أنشئ قصر للثّقافة في قريته يحمل اسمه. توفي عام ١٩٧٧.

مرسي جميل عزيز

شاعر مصريّ كتب بالعاميّة معظم أعماله. ولد في محافظة الشّرقية عام ١٩٢١، وحصل على البكالوريا والتحق بكليّة الحقوق. عشق مدينة الإسكندرية وبنى فيها بيتًا لكنه ظَلّ مستمسكًا بمقر مولده رغم شهرته وإقبال المطربين على أشعاره. كتب أول قصيدة وهو في سن الثّانية عشرة، وأذيعت أولى أغنياته عام ١٩٣٩ واسمها "الفراشة" من ألحان رياض السّنباطي. كتب القصّة القصيرة والقصة السينمائية وكتب أوبريت "عواد باع أرضه" للإذاعة. كتب أغاني واستعراضات فيلم "أضواء المدينة" لشادية.

من أشهر أعماله: "سوف أحيا" و"بلدي أحببتك" و"سيرة الحب" و"ألف ليلة وليلة" و"يا حلو صبّح" و"يا أمّا القمر ع الباب" و"حبّك نار" و"الحلو حياتي." رحل عن عالمنا سنة ١٩٩٤.

نجاة الصغيرة

مطربة مصريّة، ولدت عام ١٩٣٦. وهي في التّاسعة من عمرها كلّف والدها شقيقها الأكبر عزّ الدّين بتدريبها على أغاني أم كلثوم وغنّت في الحفلات "حبيبي يسعد أوقاته" عام ١٩٤٤، كما أحضر لها والدها معلّمين للقراءة والكتابة، واستمع إليها الكاتب فكري أباظة فطالب الحكومة برعايتها.

غنّت قصيدة "نهج البردة" لأم كلثوم على المسرح وعمرها ١٤ سنة. في نهاية الأربعينيات لحن لها محمود الشّريف أول أغانيها "اوصفولي الحب،" وسجّلت للإذاعة أغنيّة "كل ده كان ليه" عام ١٩٥٣، وغنت من ألحان زكريا أحمد "ناداني الليل،" ومن ألحان رياض السّنباطيّ "إلهي ما أعظمك،" و"يا سلام عليك،" و"حبيبي سامعني،" و"حد قال لك،" و"يا قلبك،" و"يا هاجر بحبك" وغيرها، كما غنت من ألحان الأخوين رحباني "دوارين،" وشاركت في بطولة ١١ فيلمًا أولها "هدية" عام ١٩٤٧ وآخرها "جفّت الدّموع" عام ١٩٧٥. أعلنت اعتزالها الغناء عام ٢٠٠٤.

نجيب حنكش

فنان فكاهيّ لبنانيّ راحل ولد في زحلة. أطلق عليه الصحافيّ الكبير سعيد فريحه لقب ظريف لبنان. كان نجيب حنكش كاتبًا فكاهيًا ظريفًا، وكذلك ملحّنًا بارعًا يكفيه أنّه لحّن لفيروز قصيدة جبران "أعطني الناي وغنِّ." رحل نجيب حنكش في ٢٠ أبريل عام ١٩٧٧.

نزار قبّاني

شاعر سوريّ مشهور. ولد بدمشق عام ١٩٢٣ وتعلّم في مدارسها وتخرّج من كلية الحقوق عام ١٩٤٥. عمل بالسّلك الدّبلوماسيّ السّوري لمدة ٢١ سنة واستقال عام ١٩٦٦ ليتفرّغ لنشر أشعاره. اشتهر بقصائده العاطفيّة السّاخنة وقصائده السّياسيّة الصّريحة اللاذعة، ومن أشهرها قصائد "خبز وحشيش وقمر" و"هوامش على دفتر النّكسة" التي نشرها بعد حرب ١٩٦٧، و"الحاكم والعصفور" و"رسالة إلى جمال عبد الناصر" عام ١٩٧٠ بعد وفاة عبد الناصر، و"لصوص المتاحف."

أول دواوينه "قالت لي السّمراء" صدر عام ١٩٤٤، وتوالت دواوينه "طفولة نهد،" و"سامبا،" و"أنت لي،" و"الرسم بالكلمات،" و"قصائد متوحشة،" و"كتب الحب،" وتوالت إصداراته حتى وصلت إلى ما يقرب من ٤٠ ديوانًا وكتابًا.

غنّى من أعماله عبد الحليم حافظ "رسالة من تحت الماء" و"قارئة الفنجان" من ألحان محمد الموجي، وغنت نجاة من ألحان محمد عبد الوهاب "أيظن" و"ماذا أقول له" و"أسألك الرحيل،" وغنّت أم كلثوم من ألحان عبد الوهاب "أصبح عندي الآن بندقية،" وغنى كاظم الساهر من ألحانه "اختاري" و"مدرسة الحب" و"الحب المستحيل،" كما غنّت أصالة "اغضب" من ألحان حلمي بكر.

عاش في لندن وحيدًا بعد مصرع زوجته العراقيّة بلقيس الرّاوي في حادث تفجير ببيروت، وتأثرًا بالحادث المفجع رثاها بقصيدة مطولة أسماها "بلقيس." وتوفي هو عام ١٩٩٨ بلندن.

الهادي آدم

شاعر سودانيّ، وُلد بقرية الهلاليّة عام ١٩٢٧ بمديرية النّيل الأزرق بالسّودان. بعد أن تلقى تعليمه الأول بمدرسة الهلاليّة التحق بمعهد أم درمان العلميّ. ثم عمل بعد تخرّجه في الصّحافة السّودانيّة وأُرسل في بعثة دراسيّة إلى مصر حصل فيها على درجة الليسانس من كلية دار العلوم. عمل مدرسًا بوزارة المعارف السّودانيّة. له ديوان شعر بعنوان "كوخ الأشواق" صدر عام ١٩٦٢، ويتضمن قصيدة "أغدًا ألقاك،" وصدر له الدّيوان الثّاني بعنوان "نوافذ العدم" عام ١٩٩٩. وله ديوانان لم يُطبعا وهما ديوان "سماء بلا نور" و"عفوًا أيها المستحيل." وله مسرحيّة شعريّة بعنوان "سعاد." وقد تتلمذ على يده شعراء سودانيّون كثيرون.

أفعال الوزن الأول

This is a list of first form verbs, as per their appearance in the songs throughout the book. As you learn them, you can assemble them into groups. For instance, assemble all the verbs which have a vowel in the middle together, and all the (َ َ) verbs together, and so on.

to come	أَتى، يَأْتي، إتْيان
to blame	لامَ، يَلومُ، لَوْم
to pick, gather, harvest	جنى، يجني، جني
to fill	مَلَأَ، يَمْلَأُ، مَلْء
to passionately love, adore	عَشِقَ، يَعْشَقُ، عِشْق
to like, love, become fond of	هَوِيَ، يَهْوى، هَوى
to go, proceed, walk	سار، يَسيرُ، سَير
to come	جاء، يَجيءُ، مَجيء
to occur	خَطَرَ، يَخْطُرُ، خُطور
to pray, call, invite	دَعا، يَدْعو، دُعَاء/دَعْوة
to surpass	فاق، يَفوقُ، فُواق
to sleep	نامَ، يَنامُ، نَوْم
to slumber, fall asleep	غَفا، يَغْفو، غَفْو/غُفُو
to throw	رَمى، يَرْمي، رَمْي
to be disaffected, treat harshly, to abandon	جَفا، يَجْفو، جَفْو/جَفاء
to increase	زادَ، يَزيدُ، زِيادة

كَفَّ، يَكُفُّ، كَفّ	to cease, stop
وَدَعَ، يَدَعُ، وَدْع	to let, leave something
رَضِيَ، يَرْضى، رِضا	to accept, be satisfied
سَقى، يَسْقي، سَقْي	to water, to give someone a drink
رَنا، يَرْنو، رُنُو/رَنا	to gaze
ظَمِئَ، يَظْمَأُ، ظَمَأ	to thirst
لَقِيَ، يَلْقى، لُقى/لِقاء	to meet
دَرى، يَدْري، دِراية	to be aware, know
جَرى، يَجْري، جَرْي	to run, occur
صَبا، يَصْبو، صُبُو/صَبْوة/صَبا	to yearn, desire
عَلِم، يَعْلَمُ، عِلْم	to know
مَشى، يَمْشي، مَشْي	to walk
بَقِيَ، يَبْقى، بَقاء	to remain, stay, keep doing something
شاءَ، يَشاءُ، مَشيئة	to want, to will
أَبى، يَأْبى، إباء	to refuse, decline
عَرَفَ، يَعْرِفُ، مَعْرِفة	to know
ضاعَ، يَضيعُ، ضَياع	to be lost
فَنِيَ، يَفْنى، فَناء	to pass away, perish
شَرِبَ، يَشْرَبُ، شُرْب	to drink
جَلَسَ، يَجْلِسُ، جُلوس	to sit down
فَرَشَ، يَفْرِشُ، فَرْش	to spread, to cover
مَضى، يَمْضي، مُضِي	to pass
نَسِيَ، يَنْسى، نَسْي/نِسْيان	to forget

كَتَبَ، يَكْتُبُ، كِتابة	to write
طَلَعَ، يَطْلُعُ، طلوع	to rise, go up, to spring
غَرُبَ، يَغْرُبُ، غُروب	to set (the sun), go away
خَلا إلى، يَخْلو إلى، خُلُو/خَلاء	to be alone with someone
ذَكَرَ، يَذْكُرُ، ذِكْر	to mention, think of
هَمّ، يَهِمُّ، هَمّ/مَهَمّة	to intend to
رَأى، يَرى، رُؤْية	to see
قَدَرَ، يَقْدِرُ، قُدْرة/مَقْدِرة	to be able to
سَعى، يَسْعى، سَعْي	to seek, pursue
لحا، يَلْحو، لَحْو	to abuse, insult
رَحَلَ، يَرْحَلُ، رَحيل	to depart, move away
دارَ، يَدورُ، دَوران	to go around, revolve, roam
مَسَحَ، يَمْسَحُ، مَسْح	to wipe
مَرَّ، يَمُرُّ، مَرّ/مُرور	to pass, cross
بَكى، يَبْكي، بُكاء	to cry
سَقَطَ، يَسْقُطُ، سُقوط	to fall
هَوى، يَهْوي، هَوْي	to fall (down)
قَفَلَ، يَقْفِل، قَفْل	to close, shut
ذَهَبَ، يَذْهَبُ، ذَهاب/مَذْهَب	to go
دَقَّ، يَدُقُّ، دَقّ	to beat, knock
فَتَحَ، يَفْتَحُ، فَتْح	to open
غَسَلَ، يَغْسِلُ، غَسْل	to wash
مَحا، يَمْحو، مَحْو	to wipe

to defeat	هَزَمَ، يَهْزِمُ، هَزِيمة
to say	قالَ، يَقولُ، قَوْل
to ask	سَأَلَ، يَسْأَلُ، سُؤال
to be	كانَ، يَكونُ، كَوْن
to go, set out to do	راحَ، يَروحُ، رَواح
to care for, take care of	رَعى، يَرْعى، رَعْي/رِعاية
to allow, permit	سَمَحَ، يَسْمَحُ، سَماح
to come/get close	دَنا، يَدْنو، دُنُو
to abandon, leave	هَجَرَ، يَهْجُرُ، هَجْر/هِجْران
to die	ماتَ، يَموتُ، مَوْت
to break	كَسَرَ، يَكْسَرُ، كسر
to love	حَبَّ، يَحِبُّ، حُبّ
to be saved, get away from	نَجا، يَنْجو، نَجاة
to read	قَرَأَ، يَقْرَأُ، قِراءة
to inhabit, dwell	سَكَنَ، يَسْكُنُ، سُكْنى/سَكَن
to flee, escape	هَرَبَ، يَهْرُبُ، هَرَب/هُروب
to be able, control	مَلَكَ، يَمْلِكُ، مِلْك/مُلْك
to return, come back	عادَ، يَعودُ، عَوْد/عَوْدة
to fear, be afraid	خَشِيَ، يَخْشى، خَشْية
to reveal	باحَ ، يَبوحُ، بَوْح
to contain, include	ضَمَّ، يَضُمُّ، ضَمّ
to be sad	حَزِنَ، يَحْزَنُ، حُزْن
to make, let	جَعَلَ، يَجْعَلُ، جَعْل

to gather, collect	جَمَعَ، يَجْمَعُ، جَمْع
to knock	طَرَقَ، يَطْرُقُ، طَرْق
to go out, exit	خَرَجَ، يَخْرُجُ، خُروج
to draw	رَسَمَ، يَرْسُمُ، رَسْم
to reverse, overturn, invert	قَلَبَ، يَقْلِبُ، قَلْب
to enter, go in	دَخَلَ، يَدْخُل، دُخول
to dream	حَلَمَ، يَحْلُمُ، حُلْم
to kidnap	خَطَفَ، يَخْطِفُ، خَطْف
to flow in torrents, fall/rain heavily, pour down rain	هَطَلَ، يَهْطِلُ، هَطْل/هَطَلان
to live	حَيِيَ، يَحْيا، حَياة
to fear, be afraid	خافَ، يَخافُ، خَوْف
to wish, hope	رَجا، يَرْجو، رَجاء
to fear, be afraid	هابَ، يَهابُ، هَيْبة/مَهابة
to be near or close, get close	قَرُبَ، يَقْرُبُ، قُرْب
to touch	مَسَّ، يَمَسُّ، مَسّ
to melt	ذابَ، يَذوبُ، ذَوَبان
to be or become insane, mad	جُنَّ، يُجَنُّ، جُنون
to be or become long	طالَ، يَطولُ، طول
to pay attention, care about	حَفَلَ، يَحْفِلُ، حَفْل
to do	فَعَلَ، يَفْعَلُ، فِعْل
to have mercy, spare	رَحِمَ، يَرْحَمُ، رَحْمة
to be sad or distressed, to grieve	أَسِيَ، يَأْسى، أَسى

to forget, omit	سَها، يَسْهو، سَهْو
to live	عاشَ، يَعيشُ، عَيْش
to be stingy, stint, withhold	بَخِلَ، يَبْخَل، بُخْل
to revolt, rise against	ثارَ، يَثورُ، ثَوْرة
to perish, die	بادَ، يَبيدُ، بَيْد
to preserve, conserve, keep	صانَ، يَصونُ، صَوْن
to support, protect	نَصَرَ، يَنْصُرُ، نصر
to be safe and sound	سَلِمَ، يَسْلَمُ، سَلامة/سَلام
to become white-haired, to grow old	شابَ، يَشيبُ، شَيْب/شَيْبة
to seek, look for	نَشَدَ، يَنْشُدُ، نَشْد/نِشْدان
to roam, rove, wander	هامَ، يَهيمُ، هَيْم/هَيَمان
to tell, relate, narrate	حَكَى، يَحْكي، حِكاية
to worry, grieve, distress	شَجا، يَشْجو، شَجْو
to pour	سَكَبَ، يَسْكُبُ، سَكْب
to burn, sear, iron	كَوى، يَكْوي، كَي
to fly	طارَ، يَطيرُ، طَيَران
to listen, hear	سَمِعَ، يَسْمَعُ، سَمْع/سَماع
to explain	شَرَحَ، يَشْرَحُ، شَرْح
to carry, bear	حَمَلَ، يَحْمِلُ، حَمْل
to proceed, flow	سَرى، يَسْري، سَرَيان
to spread	نَشَرَ، يَنْشُرُ، نَشر
to get lost, wander (thoughts)	تاه، يَتوه/يَتيه، تَوْه/تَيْه
to give back	رَدَّ، يَرُدُّ، رَدّ

سَبَحَ، يَسْبَحُ، سِباحة	to swim
غابَ، يَغيبُ، غِياب	to be absent, leave
طابَ، يَطيبُ، طِيب/طِيبة	to be good, pleasant or agreeable, to get better
باتَ، يَباتُ/يَبيتُ، مَبيت	to become, to stay overnight
رَوي، يَرْوي، رِواية	to relate, narrate
بَدا، يَبْدو، بَدْو	to appear, seem, become clear
هَتَفَ، يَهْتِفُ، هُتاف	to shout, call out
شَقَّ، يَشُقُّ، شَقّ	to split, rift
فاضَ، يَفيضُ، فَيْض	to overflow, inundate
قَطَعَ، يَقْطَعُ، قَطْع	to cut
رَزَقَ، يَرْزُقُ، رِزْق	to endow
صَعِدَ، يَصْعَدُ، صُعود	to rise, go up
شَكا، يَشْكو، شَكْو/شَكْوى	to complain
حَمِدَ، يَحْمَدُ، حَمْد	to thank
قامَ، يَقومُ، قِيام	to set out to do, rise
عَبَدَ، يَعْبُدُ، عِبادة	to worship
بَلَغَ، يَبْلُغُ، بُلوغ	to reach
صَنَعَ، يَصْنَعُ، صِناعة/صُنْع	to make, create
بَنى، يَبْني، بِناء/بُنْيان	to build
بَعَثَ، يَبْعَثُ، بَعْث	to send
بَسَطَ، يَبْسُطُ، بَسْط	to extend, stretch out
نَزَلَ، يَنْزِلُ، نُزول	to go down, fall

to be loyal	وَفى، يَفي، وَفاء
to head to	قَصَدَ، يَقْصِدُ، قَصْد
to desire, wish, want, covet	رامَ، يَرومُ، رَوْم/مَرام
to visit	زارَ، يَزورُ، زِيارة
to sing	شَدا، يَشْدو، شَدْو
to long, yearn for	حَنَّ، يَحِنُّ، حَنين
to forbid, prohibit	نَهى، يَنْهي، نَهْي
to forbid, prohibit	نَها، يَنْهو، نَهْو
to remain, still be	ظَلَّ، يَظَلُّ، ظُلول
to pass, cross	عَبَرَ، يَعْبُرُ، عُبور
to hunt	صادَ، يَصيدُ، صَيْد
to take	أَخَذَ، يَأْخُذ، أَخْذ
harm, hurt	ضَرَّ، يَضُرُّ، ضَرّ
to leave	تَرَكَ، يَتْرُكُ، تَرْك
to drum, knock	نَقَرَ، يَنْقُرُ، نَقْر
to relate, narrate	رَوى، يَرْوي، رِواية
to improve, do well	جادَ، يَجودُ، جَوْدة
to stop	وَقَفَ، يَقِفُ، وُقوف
to become	صارَ، يَصيرُ، صَيْرورة / مَصير
to betray	خانَ، يَخونُ، خِيانة

المراجع

- إزيس فتح الله ومحمود كامل "موسوعة أعلام الموسيقى العربيّة ١ أم كلثوم" دار الشّروق. ٢٠٠٨.

- إزيس فتح الله "موسوعة أعلام الموسيقى العربيّة ٤ محمد عبد الوهاب" دار الشّروق. ٢٠٠٥.

- محمد قابيل "موسوعة الغناء في مصر" دار الشروق. ٢٠٠٦.

- محمد قابيل "فرسان اللحن الجميل، الموجي وبليغ والطويل" الهيئة المصرية العامة للكتاب. ٢٠٠٩.

- كمال النجمي "الغناء المصري، مطربون ومستمعون" دار الهلال. ١٩٩٣.

- أحمد أبو حاقه، إيليا حاوي، جوزيف إلياس "المفيد في الأدب العربي" دار العلم للملايين. ٢٠٠٠.

- "الموسيقار" مطبوعة "النصف الآخر" من مجلة "نصف الدّنيا" العدد ٣٠ سبتمبر ٢٠٠٢.

- ياسر علوي "نسائم من زمان الوصل العبقري المنسي فؤاد عبد المجيد" جريدة الشروق. عدد الجمعة ٣١ يناير ٢٠١٤.

- رفعت نافع الكناني "الأدب والفن" موقع المحور

  http://www.ahewar.org/debat/show.art.asp?aid=192682

- زهرة السيد "الليل في الأدب العربي" موقع الشرق

  http://www.al-sharq.com/news/details/171910